El color del arco iris

Un liderazgo compasivo

Swami Amritaswarupananda Puri

Mata Amritanandamayi Center, San Ramon
California, Estados Unidos

El color del arco iris
Un liderazgo compasivo

Swami Amritaswarupananda

Publicado por:
Mata Amritanandamayi Center
P.O. Box 613
San Ramon, CA 94583
Estados Unidos

———————— *The Color of the Rainbow (Spanish)* ————————

Edición española traducida por Patricio Hernández

En España:
www.amma-spain.org
fundación@amma-spain.org

En la India:
inform@amritapuri.org
www.amritapuri.org

Dedicatoria

*Dedico este libro a
Su Santidad Mata Amritanandamayi Devi.
Su inspiradora vida, increíble sabiduría e
incomparable ejemplo han sido siempre la luz
que me ha guiado. Este libro es su regalo al
mundo, yo solo he sido un instrumento.*

Amma
Sri Mata Amritanandamayi

Índice

Prólogo

*S*wami *Amritaswarupananda* vuelve la vista hacia sus treinta y cuatro años con *Mata Amritanandamayi Devi* (Amma) y comparte multitud de historias conmovedoras, destacando la excepcionalidad de Amma en la toma de decisiones, en su manera de pensar y en su enfoque práctico aplicado a estrategias y tácticas que producen sorprendentes resultados. Tanto si se es un estudioso de las teorías empresariales en la universidad, un cabeza de familia que quiere administrar con eficacia el hogar, un empleado al que le gustaría desarrollar habilidades para la gestión de personal o un ejecutivo que tiene que supervisar a personal de todo tipo, cualquier estudiante de por vida puede beneficiarse de aprender los conceptos más eficaces sobre gestión y su aplicación práctica. Una visión que beneficia a la sociedad y favorece la audacia, la motivación, el trabajo duro, la adaptabilidad, la humildad, la compasión, la disciplina, el perdón, la gratitud, el contento, la justicia y la paciencia, todo toma vida en este estudio profundo de la sabiduría ancestral de Amma.

Capítulo a capítulo va revelando maneras prácticas de utilizar los recursos, la actitud correcta que hay que tener hacia el trabajo, cómo mantener el compromiso y la responsabilidad en los proyectos que emprendemos y, sobre todo, la importancia de tener una actitud amorosa, compasiva y desapegada en todo lo que hacemos.

Los valores están en la confluencia entre el liderazgo y la inspiración. «El color del arco iris» pone de relieve técnicas inimitables para ayudar a los gerentes a intensificar la auténtica lealtad y el compromiso al trabajador, al tiempo que se ejerce un impacto positivo en la sociedad.

Prefacio

L a visión divina de Su Santidad *Mata Amritanandamayi Devi* o Amma —como se la conoce cariñosamente en todo el mundo— no podía haber encontrado mejor expresión que la que se plasma en los escritos de *Swami Amritaswarupananda*. He tenido el privilegio de conocer de cerca a Amma y a *Swamiji* y de haber recibido inspiración y fuerza moral de sus enseñanzas a lo largo de los años, así que estoy encantado de que *Swamiji* se haya decidido a escribir este libro, que expresa con elocuentes palabras la esencia de las enseñanzas de Amma. Considero que estas lecciones sobre gestión serán valoradas no sólo por sus seguidores, sino que también hallarán eco y serán relevantes para un público más amplio.

Los extraordinarios servicios sociales y esfuerzos humanitarios de Amma son legendarios. Su objetivo de difundir la felicidad y la alegría como mensaje divino ha cambiado la vida de millones de personas. Su vida ha sido una inspiración. A pesar de que la sacaron del sistema educativo formal, ha construido con éxito una notable red de actividades humanitarias y benéficas, cuya extensión abarca desde la educación a la salud, el bienestar y la ayuda en emergencias. Para gestionar todas estas actividades se necesita poseer unas técnicas administrativas de calidad excepcional. *Swamiji* sitúa en primer plano las enseñanzas de Amma y su inimitable e instintiva sabiduría en la gestión, que la han hecho conmover y transformar la vida de millones de personas.

Siempre he creído que la gestión es más que administrar a un grupo de personas, hacer que una empresa obtenga el máximo beneficio, dirigir a un grupo de profesionales hacia metas preestablecidas o satisfacer ambiciones personales. La capacidad de gestión se deriva esencialmente de la fuerza interior, de estar anclado en uno mismo mientras se trata con los demás. Seguro que las enseñanzas contenidas en este libro te guiarán hacia las posibles fuentes de esa fuerza interior. El libro de *Swamiji* se fija tanto en el lado práctico como en el lado espiritual de la gestión. El mensaje de Amma se ha extendido por todo el mundo combinando ambos elementos. Este libro permitirá a los lectores mejorar sus habilidades de gestión y emplearlas de un modo que pueda influir realmente en el mundo que los rodea.

Felicito a *Swami Amritaswarupananda* por publicar este libro sobre gestión. Estoy seguro de que será una valiosa aportación al ya inestimable legado de Amma, que ha dado tanta alegría y esperanza a personas de todo el mundo.

Shashi Tharoor
Miembro del Parlamento
Ministro de Estado para el Desarrollo de los Recursos Humanos. Ex
Subsecretario General Adjunto de las Naciones Unidas.

Introducción

A ntes de iniciar este libro, permitidme que os confiese que no tengo ningún título de administración. No soy un gerente profesional, sino un monje. Para ser más preciso, mi vida y mi trabajo están bajo la dirección de una líder mundial muy especial. Ella dirige su organización global utilizando principios de gestión bien diseñados, enseñando de ese modo por medio de su ejemplo.

Ella solo estudió hasta cuarto curso de primaria. Solo habla *malayalam*, su lengua materna. Su lenguaje es sencillo y coloquial. Sin embargo, se comunica con toda clase de personas de todo el mundo, sea cual sea su nivel educativo o experiencia previa, de todas las castas y religiones. Su conocimiento del mundo, de las personas que lo pueblan y de la mente humana es asombroso. Hasta los temas más complejos los presenta de forma muy gráfica mediante sencillos ejemplos e historias.

Llevo treinta y cuatro años aprendiendo de ella y todavía soy alumno suyo. Su nombre es *Mata Amritanandamayi Devi*. Sus seguidores y admiradores de todo el mundo la llaman cariñosamente Amma, y se la conoce por su peculiar manera de recibir con un abrazo a todos los que acuden a verla. Ha puesto en marcha una inmensa red de actividades benéficas como hospitales, instituciones educativas, investigación para favorecer la transformación social, programas de ayuda en emergencias, formación profesional, programas medioambientales, viviendas gratuitas para personas necesitadas, orfanatos y muchas otras.

Este libro intenta dar una idea del modo característico que tiene Amma de gestionar una de las ONGs más grandes del mundo. Todo el mérito es de Amma, pues es el alma que inspira y guía este trabajo. Para mí, este ha sido un sueño largamente acariciado que por fin se ha hecho realidad. Todavía recuerdo vivamente cuándo nació. Fue justo después de la celebración del cincuenta aniversario de Amma (*Amritavarsham*50) cuando tuve por vez primera el deseo de escribir un libro de esta naturaleza. Así se lo dije a Amma, y me respondió: «Adelante». Desde entonces, de vez en cuando Amma me preguntaba: «¿Todavía no han roto tus pollitos el cascarón?».

Lo cierto es que he tenido este libro en mente durante muchos años. En realidad, he estado preparándome mentalmente para escribirlo durante los últimos cinco años. Leía libros y artículos, recogía información y, lo más importante, observaba a Amma como una Directora Iluminada[1], pues, en última instancia, eran sus vibrantes ejemplos como líder excepcional los que aceleraban el proceso y daban alas a mis pensamientos.

La proximidad y la constante observación de Amma revelan una serie de habilidades sin paralelo: la manera tranquila y compasiva con la que Amma aborda todas las situaciones y problemas, su inmensa paciencia y capacidad para escuchar con empatía a todos y cada uno, su humildad y ecuanimidad, su modo informal de relacionarse y comunicarse con la gente, el amor y el interés que muestra hacia todos y su inagotable energía. Los líderes y directivos pueden aprender mucho de ella.

Aunque ya las antiguas escrituras indias hablaban extensamente de los sistemas administrativos y de gestión, el taylorismo o «gestión científica», tal como fue expuesta por Frederick Taylor, fue la primera tendencia moderna documentada sobre la gestión. Este enfoque subrayaba la importancia del estudio y la medición

---

[1] N. del t.: «Chief Enlightened Overseer». Juego de palabras intraducible con las siglas en inglés CEO, que significan «Chief Executive Overseer» (director ejecutivo).

del trabajo realizado, la evaluación de los métodos empleados y la valoración de la productividad resultante sin prestar apenas atención al trabajador individual. Un segundo movimiento se inició en Estados Unidos cuando Peter Drucker se convirtió en un gurú de la gestión. Al contrario que en el pensamiento de Taylor, Drucker consideraba que, aunque las empresas tuvieran la responsabilidad de obtener un beneficio, también tenían la obligación de cuidar de sus trabajadores. Señaló y creía firmemente que los trabajadores debían ser tratados como seres humanos que contribuían al proceso productivo, y no como máquinas. El enfoque de Drucker se vio influido posteriormente por el estilo japonés de gestión, que hacía hincapié en la Gestión de Calidad Total (TQM[2]) y en la Gestión de Cero Defectos.

Los modelos de gestión han ido cambiando a lo largo de los años para adaptarse al entorno político, social y económico. Durante años, el modelo estándar de gestión ha sido el modelo POLC (Planificación, Organización, Liderazgo y Control). Sin embargo, debido a los avances en las tecnologías de la comunicación y a los numerosos cambios a gran escala que se han producido en el entorno empresarial, el modelo POLC ha sido sustituido en la última década por el modelo ROAR (Reaccionar, Organizar, Despertar y Revisar)[3].

Actualmente, el término moderno que se emplea es «gestión sostenible», un concepto que tiene en cuenta los problemas de nuestro tiempo en las estrategias de negocios. Además, las organizaciones están planteándose seriamente introducir en el sistema la toma democrática de decisiones, dando más libertad a los empleados en la selección de los jefes de equipo, de otros

---

[2] N. del t.: TQM = Total Quality Management.
[3] N. del t.: ROAR significa «rugir» en inglés. La letra *a* corresponde a «awakening» (despertar) en ese idioma.

miembros o de los flujos de trabajo. En este enfoque, los empleados se vuelven más responsables en un ambiente cordial y franco. Estas organizaciones que van más allá de la estructura jerárquica tradicional descubren que ese nuevo estilo de gestión basado en principios da mejores resultados. Esta forma de funcionar podría acabar convirtiéndose en la norma.

También se ofrecen cursos sobre espiritualidad y talleres de yoga y meditación con la esperanza de crear un ambiente relajado y sin tensiones en la comunidad de empleados. La creatividad se beneficia de ello y las sesiones de «lluvia de ideas» sobre nuevos proyectos y propuestas invita a la participación de todas las partes interesadas.

En el escenario mundial actual, sería acertado decir que la mayor parte de las empresas tienen su propio estilo de gestión y liderazgo. Se trata, por lo general, de un conglomerado de ideas amalgamadas en toda la jerarquía a lo largo de muchos años. El aumento de los comentarios interpretativos sobre gestión y liderazgo hace que cada compañía desarrolle sus propias prioridades, preferencias e inclinaciones.

La gestión juega un papel vital en todos los aspectos de la vida, y no solo en los negocios y las organizaciones. En todos los lugares en los que las personas se esfuerzan juntas por lograr un objetivo común, vemos principios de gestión, sea de forma sutil o palpable. Amma ha señalado lo siguiente: «Ya se trate de cinco personas viviendo en una casa o de quinientas trabajando en una empresa, gestionar significa, en última instancia, gestionar mentes. Pueden ser cinco mentes o quinientas. Sin embargo, el punto decisivo es que, si no aprendes a gestionarte a ti mismo, a gestionar tu mente, tus pensamientos y tus emociones, ¿cómo vas a ser capaz de gestionar con eficacia a los demás? Esta es la primera y más importante enseñanza: aprende a gestionarte a ti mismo».

En Amma podemos ver, sin confusión posible, las mejores ideas modernas sobre la gestión, como las de una visión que verdaderamente beneficie a la sociedad, intrepidez, motivación, trabajo duro, adaptabilidad, humildad, compasión, disciplina, perdón, gratitud, contento, justicia, paciencia, etc. Al observar a Amma sentada durante horas y horas abrazando a la gente, los periodistas de todo el mundo le preguntan por el secreto de su inagotable energía. La respuesta de Amma es: «No soy como una pila que se gasta después de usarla durante un tiempo. Estoy eternamente conectada a la fuente de alimentación».

Un estudio en profundidad de esta líder multidimensional revela formas prácticas de utilización de los recursos disponibles, la actitud correcta que hay que tener hacia el trabajo, cómo mantener el compromiso y la responsabilidad con los proyectos que emprendemos y, sobre todo, la importancia de tener siempre una actitud amorosa, compasiva y desapegada en todo lo que hacemos.

Hay una historia célebre sobre el gran sabio *Veda Vyasa*. Fue el autor de los dieciocho *puranas*, el *Mahabharata* y los *Brahmasutras* y codificó los *Vedas*. Como era un alma sabia e iluminada, *Vyasa* pudo prever el futuro de la humanidad. Se dio cuenta de que en las eras venideras la humanidad se sumiría en una profunda ciénaga de degeneración espiritual, moral y ética. Como era un benefactor desinteresado del mundo, quería hacer algo por sus desafortunados descendientes. Por eso, movido por la pura compasión, codificó primero los *Vedas* y los dividió en cuatro partes. Más tarde compuso el *Mahabharata*. Esta colosal composición por sí sola consta de más de cien mil estrofas, más de doscientos mil versos. Cada estrofa tiene dos versos. El libro contiene alrededor de 1,8 millones de palabras, lo que equivale a unas diez veces la extensión de la Ilíada y la Odisea juntas. El ingente trabajo de estudio e investigación que llegó a realizar se puede equiparar a más de cien tesis doctorales, demostrando un auténtico dominio de una amplia variedad de temas.

Vyasa creía sinceramente que su obra podría elevar a las generaciones venideras; sin embargo, seguía viendo a la humanidad envuelta en tinieblas. Así que, aun después de haber compuesto todas estas extraordinarias obras, el asombrosamente brillante sabio sentía una profunda infelicidad que, de hecho, se debía a una reflexión sobre el desgraciado futuro de la humanidad. Para hallar una solución a su conflicto interior, *Vyasa* fue a visitar a otro gran ser, el sabio *Narada*, a quien pidió consejo sobre esta cuestión. *Narada* le explicó a *Vyasa* que la principal razón de su descontento provenía de la ausencia de verdadero amor en sus creaciones. Aunque *Vyasa* era un alma despierta y sin par en conocimiento, no había incluido expresiones del amor divino en sus obras maestras. *Narada* le dijo a *Vyasa* que, más que conocimiento, lo que las futuras generaciones necesitarían sería la experiencia del amor verdadero que revela la unicidad o la unidad del principio de Dios. Inspirado por el consejo de *Narada*, *Vyasa* escribió un gran poema épico, el *Bhagavata Purana*, que narra la vida de *Sri Krishna*, sus travesuras infantiles y, sobre todo, el amor incondicional que las pastorcillas sentían por *Krishna*.

La historia está llena de mensajes significativos y profundos. Uno: nuestra vida y todos nuestros logros resultan inútiles si no poseemos un sentido de amor profundo y reverente a toda la creación. Dos: podemos tener una larga lista de logros, pero ninguno será definitivo, ya que la cumbre de la existencia es el amor. Tres: despertar el amor que duerme en nuestro interior y ser conscientes de que esa es nuestra naturaleza innata nos eleva al estado de compasión pura. Cuando el corazón está lleno de amor, se desborda en forma de palabras y acciones compasivas. Si no a todos, al menos beneficia al máximo número de personas que nos rodean. Cuatro: aunque el propio *Veda Vyasa* era un cúmulo de cualidades divinas y sabiduría incomparable, tuvo suficiente humildad para pedir el consejo y la bendición de otro gran sabio, *Narada*.

Ahora examinemos estas ideas desde un punto de vista empresarial. Cuando ocupamos un alto cargo, un puesto de poder y consideración social, estamos obligados a mostrar madurez y comprensión en nuestras palabras y acciones. Si no nos son connaturales, tendremos que desarrollarlas. Lo contrario no resultaría rentable pues perjudicaría nuestra carrera profesional. Por tanto, es importante tener una actitud de respeto. En la vida no podemos quedarnos parados. Si no hay movimiento hacia adelante, pronto nos quedaremos muy retrasados. Es como si nos encontramos en una multitud descomunal que está corriendo: no tenemos más remedio que correr. Si no lo hacemos, nos pisotearán. Por tanto, sigamos corriendo con la multitud, pero en determinado momento tenemos que despegar y subir a cotas más altas. ¿Qué gracia tiene la repetición? Lo divertido es ascender, elevarnos en el amor y no seguir apegados a los amores mundanos. Cuando nos elevamos en el amor, logramos más madurez y comprensión. Empezamos a verlo todo desde un plano de conciencia superior. Entonces aparece una nueva luz de compasión y consideración. Eso nos lleva al estado de humildad, que a su vez activa una corriente continua de energía pura en nuestro interior y en todas nuestras acciones. Cuando nos postramos ante el Universo, este entra en nosotros.

La imaginación, la creatividad y la innovación, los tres factores vitales del éxito, solo aparecen cuando amamos la vida, cuando desarrollamos una actitud de adoración hacia el trabajo.

El amor no es más que lujuria para las personas que se sitúan únicamente en el nivel físico. Para aquellos que son capaces de penetrar bajo la superficie, en el nivel mental, el amor es imaginación y creatividad. Para ellos el amor es un sentimiento. Grandes bailarines, músicos, pintores y poetas entran en trance, se identifican momentáneamente con lo que están creando. Ralph Waldo Emerson estaba en lo cierto cuando escribió: «Un pintor me dijo que nadie podía dibujar un árbol sin convertirse de alguna manera en un árbol, o de dibujar a un niño limitándose a estudiar su contorno… pero si observaba un rato sus movimientos y sus juegos, el pintor podía penetrar en su naturaleza y dibujarlo en cada una de sus actitudes…» Esta clase de amor es un sentimiento profundo que dura un cierto tiempo. Verdaderamente, es algo infrecuente y muy valioso. Además, hay una tercera clase de personas que son conscientes de que son amor. Para esas personas el amor es una experiencia constante. En ese amor desaparece la prisión creada por el «yo» y el «tú» a ambos lados del «amor». Solo hay amor.

La gran tarea y la enorme contribución que realizaron los antiguos sabios de la India, Aristóteles, Platón u Homero con su Ilíada y su Odisea, constituyen ejemplos de las inimaginables cotas y logros que puede alcanzar un ser humano en una vida. Para ellos fue posible porque descubrieron en su interior la fuente de energía pura que llamamos amor indivisible. Esa fuente de amor incondicional es el secreto de la inagotable energía de Amma y del éxito que ha logrado.

Vijay Bhatkar, el creador de la iniciativa nacional india de supercomputación, nos dice: «Amma fue la que me inspiró para llevar a cabo la iniciativa de construir superordenadores. Amma no solo pone de relieve la importancia del Cociente Intelectual (CI), sino también la del Cociente Emocional (CEm) y el Cociente Espiritual (CEs). De esa manera crea un equilibrio entre la educación científica, la espiritual y la cultural. Amma ha revitalizado el lenguaje del amor y la compasión. Ese lenguaje es universal y eterno, comprensible para todos los seres de todas las épocas. Tal como Amma lo expresa, el amor y la compasión se magnifican hasta dimensiones sobrehumanas, llegando a niveles desconocidos hasta ahora. Si bien los abrazos son comunes entre padres e hijos o entre amigos íntimos o amantes, el abrazo de Amma es universal, trasciende cualquier nacionalidad, raza, idioma, religión, edad o posición social.

«Hace algunos años, el famoso lingüista del Instituto Tecnológico de Massachusetts (MIT), el profesor Noam Chomsky, descubrió que en el cerebro hay un centro de procesamiento del lenguaje que facilita el procesamiento y el aprendizaje de las lenguas. Ese centro solo entiende el metalenguaje, que es como el lenguaje que hay detrás de todas las lenguas. De modo semejante, Amma ha extraído el denominador común de todas las tradiciones lingüísticas: el idioma del amor y la compasión. Mediante esa lengua universal Amma es capaz de comunicarse con cualquier persona independientemente de su lugar de origen. Aunque solo habla *malayalam*, Amma es capaz de comunicarse con todos sus hijos y nosotros también somos capaces de comunicarnos con ella, a veces por medio del silencio. Esta es otra de las contribuciones extraordinarias de Amma al mundo».

Al inaugurar el Instituto *Amrita* de Ciencias e Investigaciones Médicas, un hospital multiespecializado de vanguardia fundado por Amma en 1998, el entonces Primer Ministro de la India, *Sri Atal Bihari Vajpayee*, dijo: «El mundo actual necesita una prueba contundente de que nuestros valores humanos son útiles, de que cualidades como la compasión, la generosidad, la renuncia y la humildad tienen la capacidad de crear una sociedad grande y próspera. La obra de Amma nos proporciona la tan necesaria prueba».

Recuerdo una historia narrada por uno de los seguidores de Amma al que pidieron que pasara unos días filmando en vídeo a personas pobres en sus casas originales antes de mudarse a las nuevas viviendas que Amma había construido para ellas. «Había una mujer. En realidad no conozco su historia. Era una anciana viuda con los lóbulos de las orejas alargados por las pesadas joyas de las que se había desprendido hacía mucho tiempo, sin duda para poder sobrevivir. Antes de subirme al coche, miré hacia atrás y me quedé atónito. Allí, mientras anochecía y siguiendo la milenaria tradición india, aquella anciana estaba encendiendo una lámpara en la puerta de su casa. Lo hacía completamente a tientas, porque era ciega. ¡Una anciana ciega estaba encendiendo una lámpara para los que podían ver!».

«Soy Amor, soy el resplandor de Dios en una forma humana»: saber esto nos servirá como una fuente inagotable de energía. Todos los supuestos éxitos conducen al fracaso si no somos capaces de dar un buen ejemplo a las generaciones futuras. Puede que nuestro nombre quede inscrito en los anales de la historia, pero nuestros pensamientos y acciones no serán ni respetados ni admirados. Por eso, además de conseguir conocimiento, salud y riqueza exteriores, todos los líderes deben aspirar también al conocimiento interior, la salud interior y la riqueza interior. El equilibrio entre estos tres factores es esencial para lograr el crecimiento y el éxito verdaderos que serán recordados por siempre. Espero sinceramente que mis esfuerzos por recordar y compartir la inspiradora vida y obra de Amma en este libro beneficien al lector y despierten en él el deseo de emular su ejemplo, al menos en algún grado.

Me gustaría expresar mi profunda gratitud y sincero agradecimiento a *Sneha* (Karen Moawad) por sus dedicados esfuerzos para ayudarme a editar este libro, a *Swami Paramatmananda* por hacer el diseño interior y a *Aloke Pillai*, de Toronto, un joven artista lleno de talento que hizo un maravilloso trabajo al diseñar la portada.

Swami Amritaswarupananda
Mata Amritanandamayi Math
Amritapuri, Kerala, India

Capítulo uno

La gestión en la aceptación de los valores eternos

En el mundo actual, cuando oímos las palabras «gestión» o «liderazgo» las asociamos inmediatamente a la gestión de una empresa o al liderazgo político. Básicamente, gestión significa supervisar recursos, finanzas, prioridades y tiempo. En los negocios, en último término solo se tienen en cuenta los beneficios, es decir, aquellos excedentes que se pueden llevar a casa para aumentar el saldo del banco.

Aunque la gestión y el liderazgo se atribuyen generalmente solo a unas determinadas parcelas de la vida, también forman parte de nuestra vida cotidiana. Los principios de la gestión entran en juego siempre, ya sea en un pequeño puesto de té de una remota aldea o en un hotel de cinco estrellas, ya sea en una choza con techo de hojas de cocotero o en un palacio. Vivimos en una época en la que predomina la familia nuclear, amigos que comparten un piso o una persona que vive sola; sin embargo, en todos esos casos el liderazgo y la gestión desempeñan un papel vital. Al igual que hay líderes y gerentes en una empresa, también los hay en un hogar.

La tecnología ha cambiado nuestra forma de vivir y está creando una brecha entre las generaciones. La tecnología ha convertido muchos hogares en oficinas. Se da la máxima importancia a las habilidades tecnológicas y al análisis lógico, sobre todo por parte de la generación más joven. Los padres pueden tener el poder en la toma de decisiones en su oficina, pero en casa son los hijos los que deciden, ya que son mejores que sus padres recopilando información en los modernos sistemas digitales. No solo son buenos obteniendo información, sino que además los aventajan actualizando los sistemas y la información. Cuando los padres tratan de ponerse al día, surge el conflicto.

Nuestros mercados están inundados de productos. De cada seis meses a un año sale un nuevo modelo de teléfono móvil, ordenador portátil, iPad, tableta, coche, moto, etc. Ciertamente, la gente vive ahora tan estresada por culpa de la enorme «necesidad» que siente de adquirir las novedades tecnológicas para sentirse feliz. Nuestros deseos están «fuera de control». No estoy siendo pesimista. Todos sentimos nuestra falta de alineación respecto a nuestros deseos, pero no queremos cambiar nuestros viejos patrones, los hábitos que tenemos profundamente arraigados; sin embargo, unos sencillos ajustes en nuestra vida y en nuestra visión de las cosas puede provocar cambios milagrosos. Solo hay que tener la voluntad de hacerlo.

Es como el antiguo concepto de «*maya*» (ilusión). La definición de «*maya*» es lo que no es ni real ni irreal. *Maya* existe dentro y fuera. Dentro existe como pensamientos y fuera como objetos. Constantemente nos vemos sacudidos por las interminables olas creadas por estos dos mundos, el interior y el exterior.

Las cosas están en un flujo constante. Las personas esperan deshacerse de los antiguos modelos para precipitarse hacia los nuevos. Ante tantas posibilidades de elección, se sienten confusas. Estos deseos contradictorios afectan tanto a las relaciones familiares como a las profesionales. Observemos más detenidamente la definición de *maya* y la situación actual de la humanidad. Observemos el comportamiento de la gente que nos rodea. Al caer como víctimas fáciles de la fascinación creada por el mundo de la tecnología, ¿no hemos quedado atrapados en un mundo de ilusión?

Personas de todas partes, incluso de las aldeas, se han vuelto más conscientes de la importancia de la salud. Las vemos salir temprano por la mañana para pasear y correr. En las ciudades, más del sesenta por ciento de la población son socios de algún gimnasio; sin embargo, están aumentando rápidamente las enfermedades mentales, la hipertensión, la diabetes temprana, las enfermedades del corazón, etc. ¿Por qué? Es de lo más lógico: las personas tienen cada vez menos momentos de sosiego. Pasan más tiempo preocupándose, poniéndose ansiosas, deseando «cosas» y antojándoseles lo que tienen los demás. La prueba de una buena salud mental es el estar libres de pensamientos y emociones perturbadoras que alteren nuestro equilibrio interior.

En la vida, tanto las reglas creadas por el ser humano como los misterios eternos del universo —la ley de lo incognoscible— son igual de importantes. Al ser atraídos por la fuerza de la costumbre y los hábitos de conducta, olvidamos esta visión equilibrada. Seamos pobres o ricos, instruidos o analfabetos, directivos de una empresa multinacional, propietarios de un pequeño negocio o agricultores, el conocimiento de estos dos aspectos y su puesta en práctica en todas nuestras relaciones es la clave.

La vida es el más grande de todos los juegos. Nuestra capacidad de mantener en perfecto equilibrio las reglas creadas por el ser humano y la ley del *dharma* es lo que determina nuestro éxito, felicidad y paz en la vida. Viéndolo con discernimiento, ganar la partida no es la meta final. La auténtica victoria consiste en ganarla con nobleza. Dar demasiada importancia y realidad a uno de estos dos mundos es peligroso. Por tanto, conviene situarse en el punto medio. Ni en este lado ni en aquel. Desde el medio, el centro, obtendremos una panorámica muy buena de todo, pues la inclinación hacia un lado solo nos dará puntos de vista parciales. Aquí es donde el pensamiento espiritual, la introspección, la meditación y una actitud bondadosa y compasiva pueden abrir todo un nuevo mundo a nuestro alrededor. Por eso, voy a sugerir una fórmula: 1) Haz introspección todos los días, 2) detecta tus debilidades y limitaciones, 3) supéralas y 4) reemplaza los pensamientos negativos por otros positivos. Un cambio de visión solo se produce cuando somos conscientes de nuestras debilidades y las trascendemos.

Los gobiernos y las multinacionales han logrado elevar el nivel de comodidad y la calidad de vida de todos. El éxito económico en el mundo parece haber mejorado; al menos esa es la impresión que da. Sin embargo, si es así, ¿por qué hay tanto descontento y angustia? ¿Por qué ha aumentado el trastorno bipolar a un ritmo tan alarmante? ¿Por qué ha aumentado el número de suicidios en todo el mundo? ¿Por qué hay cada vez más conflicto, violencia, guerra, odio y egoísmo? Parece que hemos probado todos los poderes disponibles en este mundo (económico, militar, intelectual, científico y tecnológico), pero con escaso o nulo resultado.

Como sociedad, estamos mejorando en términos de ciencia y tecnología, pero nos estamos desintegrando mentalmente. La mente también tendría que avanzar a la vez que lo hace la ciencia y la tecnología; de lo contrario, estas solo servirán para atarnos. Al final, solo nos conducirán al sufrimiento.

Los padres, los maestros y las personas que pueden influir en mentes impresionables deben tener la madurez y comprensión necesarias para corregir los puntos de vista de nuestros niños. Todos somos plenamente conscientes de que nuestros niños van a ser personas responsables en el futuro. Serán maridos, esposas, abuelos, gerentes, profesionales, políticos, etc. Al igual que los apoyamos en su educación, debemos enseñarles a manejar sus deseos y su mente, así como sus acciones y sus reacciones. Decidles que no permitan que sus deseos se transformen en codicia. Decidles que el ansia y el odio profundo serán una verdadera amenaza para su paz y su dicha interiores. Enseñadles el valor de la honradez, la veracidad, la compasión, el amor, el dar cariño y el compartir. Lo más importante es que los padres sepan que no basta con la disciplina. Los niños deben ver a sus padres como buenos ejemplos de esas cualidades positivas, aunque no sean perfectos.

Pero, mientras crecemos viendo lo que hacen nuestros mayores, aprendemos un mensaje diferente: que aprovecharse de los demás lleva al éxito. Nos quedamos con la idea equivocada de que podemos utilizar cualquier procedimiento para alcanzar nuestros objetivos en la vida haciendo trampas, siendo deshonestos o engañando a los demás. Por ejemplo: los adultos enseñan a los niños a borrar sus huellas y a desarrollar toda clase de argucias para no ser descubiertos. La conclusión es que cuanto más astutos sean más éxito tendrán. La sociedad también enseña que ser cariñoso y compasivo es un signo de debilidad.

Las personas del mundo actual, en especial los jóvenes, piensan que los principios espirituales o los valores eternos no son esenciales; pero, si observamos de cerca nuestra vida diaria, todos practicamos esos valores al relacionarnos con las situaciones y las personas; solo que no lo llamamos espiritualidad. Por ejemplo, cuando escuchas con atención los problemas de una persona, estás siendo espiritual. Cuando empatizas sinceramente con alguien, estás practicando la espiritualidad. Cuando muestras compasión por un mendigo o por una persona necesitada, eso no es otra cosa que espiritualidad. Cuando te preocupas por el bienestar de tus empleados, ciertamente estás siendo espiritual. Igualmente, cuando tu corazón se conmueve ante un niño huérfano eso es, sin duda, espiritualidad. Pero, ¿acaso lo llamamos espiritualidad? No, no lo hacemos. Decimos que es algo normal, ¿verdad? Sí: la espiritualidad nos enseña a ser personas corrientes y a vivir como seres humanos normales.

Por desgracia, hoy en día, cuando un estudiante se gradúa en una universidad como Harvard, Princeton, Yale, MIT o en alguno de los institutos de ingeniería o de gestión de empresas de la India, entiende que el objetivo de la vida es *kama* (tener un coche caro, una gran mansión, cine en casa, el último modelo de teléfono inteligente, etc.). Para cumplir esos deseos necesitamos dinero y éxito. Las personas se dedican a acumular dinero y a conseguir éxito —justificando los medios— y dicen que todo eso es *dharma*, rectitud. Algunos, por ejemplo, aceptan sobornos y afirman que ese es su *dharma* porque su salario es bajo y porque todos los demás lo hacen.

El resultado es que la verdadera libertad —la libertad respecto a la tensión, el estrés y toda clase de pensamientos negativos y destructivos— es inexistente, como lo es la relación de causa y efecto entre los deseos, el dinero, la rectitud y la libertad, que se han invertido completamente respecto a lo que debería ser.

En muchas ciudades del mundo se dice que para tener una vida confortable y una buena posición social hay que contar con las Cinco Ces: dinero (cash), coche, tarjeta de crédito (credit card), casa propia y ser miembro de un club; pero olvidamos la sexta: el crematorio, una ce que tenemos garantizada. Consigamos o no las cinco primeras ces, la sexta nos llegará a todos con independencia de nuestro país, nacionalidad, nivel de poder o posición social. No habrá aviso previo o advertencia. Simplemente se nos llevará a nosotros y todo lo que consideramos nuestro.

Se puede pensar que hablar así de la muerte y la incineración no viene a cuento en este contexto, pero yo no lo creo así. Creamos o no en la teoría de la reencarnación, la muerte es realmente significativa, ya que es uno de los aspectos más importantes de nuestra vida. Mientras nos dedicamos afanosamente a gestionar nuestra vida, los negocios y todos los demás factores necesarios para lograr una victoria, nos olvidamos a menudo de la muerte, del fracaso completo del ego que puede ocurrirnos en cualquier momento. Nada puede detenerla. Por eso, el recuerdo de la muerte es importante porque hace que nos sintamos humildes. Y la humildad es una cualidad esencial para quien desea vencer y tener éxito.

Vivimos en un e-mundo o mundo electrónico: e-enseñanza, e-lectura, e-gobierno, e-comercio, e-negocios, e-biblioteca, e-centro de *seva*, e-banca, etc. La lista es interminable. Conservad todas estas «es», ya que son beneficiosas para la sociedad, pero evitad por completo otra E, una que es peligrosa: la del ego. Esa E debe desaparecer o, al menos, estar bajo control. No permitas que el ego entre e interfiera sin permiso. Si te parece necesario, déjalo entrar y, una vez cumplido su fin, muéstrale la puerta de salida.

Como seres humanos que trabajamos en un mundo dominado por el estrés y la competencia feroz, no es fácil alcanzar nuestras metas vitales. Conviene detenerse y reflexionar en profundidad sobre cuáles son realmente nuestras metas. ¿Las has priorizado? ¿Qué es lo que realmente necesitamos en la vida? Además de fama, poder, posición social y bienes, ¿acaso no son la felicidad y el amor aspectos indispensables de la vida?

El éxito, al que se considera una meta importante en la vida de todos, se reduce realmente a la felicidad. Muchos persiguen el dinero para poder comprar felicidad. Cada cierto tiempo podríamos preguntarnos:

1. ¿Está subiendo o bajando mi nivel de felicidad?

2. ¿Siento amor en mi interior y soy realmente capaz de expresarlo exteriormente?

Si tu respuesta a estas preguntas es afirmativa, tu vida está avanzando hacia el éxito. Si la respuesta es negativa, solo estás ganando dinero. Un verdadero líder no considerará las ganancias económicas un éxito genuino si no van acompañadas inseparablemente de amor y felicidad. En definitiva, un buen líder debe contribuir a hacer que la gente sea feliz. Un líder infeliz, sin amor para compartir, solo puede hacer sufrir a los demás.

«La felicidad no es algo que nos suceda. No es resultado de la buena suerte o del azar. No es algo que el dinero pueda comprar o que el poder pueda imponer. No depende de los acontecimientos externos, sino de cómo los interpretemos. La felicidad es, de hecho, un estado que cada persona debe preparar, cultivar y defender individualmente», como ha explicado el psicólogo húngaro Milhaly Csikszentmihalyi, notable por su estudio de la felicidad y la creatividad, pero más conocido por ser el creador de la noción de «flujo», entendida como un estado de elevada concentración e inmersión en actividades como el arte, el juego o el trabajo.

La expansión del negocio propio, la apertura de sucursales en todo el mundo y la obtención de beneficios puede ser deseable; pero, al mismo tiempo, también debemos sintonizar la mente para acceder a las leyes inmutables del universo. Eso es esencial para generar un cambio positivo en la actitud de los seres humanos. Ese cambio elevará el nivel de felicidad y paz de todos y también el de las generaciones futuras.

Todo el progreso material y el beneficio que podamos conseguir carecen, en último término, de sentido si el mundo se convierte en un lugar en el que dos personas no pueden vivir juntas en un ambiente feliz y amoroso. Basta con observar una familia de dos personas que viven bajo el mismo techo cuando se pelean. ¿Cómo puede la humanidad llevar una vida tan superficial? Hemos tenido inteligentísimos gurús de la gestión, científicos geniales, grandes pensadores, escritores y magos de la política; pero, ¿para qué?, si no tenemos capacidad ni voluntad de gestionar nuestro mundo interior, nuestra mente y nuestras emociones. ¿De qué nos sirven si no somos capaces de crear un equilibro entre la cabeza y el corazón, o entre el ansia de acumular riqueza y el deseo de felicidad?

Está claro que en nuestro mundo necesitamos buenos modelos que podamos imitar y que favorezcan un cambio de valores. No podemos hacer mucho respecto a la generación anterior. La generación actual es lista e inteligente, pero ya posee unos hábitos de conducta arraigados. Una persona verdaderamente inspiradora puede causar un impacto en la generación actual. Ya se han adoptado determinadas decisiones y opiniones, pero la generación que está creciendo tiene enormes posibilidades. Una persona verdaderamente inspiradora puede influir positivamente en la generación actual y transformar realmente a la generación que se está desarrollando.

Mata Amritanandamayi Devi o Amma, como se la conoce cariñosamente en todo el mundo, es una líder espiritual excepcionalmente compasiva y humanitaria. Este libro expone su enfoque sobre la gestión basado en la sabiduría milenaria. Describe el modo en que Amma ve la vida desde una dimensión diferente y cómo administra las situaciones y los recursos, toma decisiones e inspira a los demás.

Desde 1993, la comunidad internacional ha considerado cada vez más a Amma un valioso tesoro de sabiduría espiritual práctica, con capacidad para guiar el mundo hacia un futuro mejor y más luminoso. Es muy necesario contar con maestros que nos puedan enseñar con su ejemplo, personas que tengan el don natural de gestionar, científicos, artistas y políticos virtuosos.

Sin duda, lo que más necesitamos en estos tiempos es la luz que irradian estas personas.

Aunque solo asistió a la escuela hasta cuarto curso de primaria, Amma es la fundadora, la guía y la única inspiradora y catalizadora de una red mundial de actividades humanitarias que incluye centros de salud e instituciones educativas.

Amma tiene una manera especial de recibir o dar la bienvenida a las personas. Se la conoce como *darshan,* y consiste en abrazar a cada persona ayudándola a experimentar el poder transformador del amor, el gozo de dar y el don de la bondad y la compasión. El *darshan* de Amma surgió como el abrazo de una madre amorosa, iniciándose cuando ella era solo una adolescente y abrazaba y consolaba a las personas de su aldea que estaban solas o sufrían. Amma está siempre disponible para todo el que desee recibir su cálido abrazo. No rechaza a nadie. Hora tras hora, día tras día y año tras año, durante más de cuarenta años ha abrazado a todos los que han acudido a ella. Hombres y mujeres, personas sanas y enfermas, ricos y pobres, jóvenes y mayores, independientemente de su fe religiosa o su casta, todos la consideran su propia Madre. Ahora Amma viaja por toda la India y por países de los seis continentes. Allá donde va, da *darshan* a todos los que acuden a ella.

En la India, Amma ha abrazado a decenas de miles de personas en un día, permaneciendo sentada a veces durante más de veinticinco horas. En los últimos cuarenta años ha abrazado a más de treinta y tres millones de personas (!). El *darshan* de cada persona es una experiencia nueva, pues la propia Amma siempre aparece renovada y espontánea. Amma nos escucha, nos abraza y nos susurra una o dos palabras al oído. Ella sabe exactamente lo que necesitamos en cada momento. Con una pausa aquí y una mirada allá, crea momentos de transformación. Este es el testimonio de miles de personas.

Amma dice: «Mi religión es el amor». Los periodistas le preguntan:

—¿Por qué abrazas?

—Eso es como preguntarle a un río por qué fluye —responde ella con paciencia—. Sencillamente, no puedo ser de otra manera.

—Te sientas a abrazar a la gente durante horas y horas, pero, ¿quién te abraza a ti?

—Toda la creación me abraza a mí. Estamos en un abrazo eterno.

Al ver el gran número de personas que acuden a recibir su simbólico abrazo, a veces los periodistas le preguntan:

—¿Todas estas personas te veneran?

—No, yo soy quien las venera a ellas —responde.

Amma dice: «El verdadero amor trasciende todas las barreras. Es transformador y universal». Estos sencillos principios puestos en acción son la base de la vida de Amma; pero su impacto es profundo. La vida de Amma, que cura y transforma a millones de corazones de todo el mundo, se erige en testimonio del dicho según el cual «el amor lo vence todo». Su vida es la prueba viviente de que se pueden trascender con éxito todas las barreras y obstáculos, ya sean de género, religión, idioma, casta, nivel económico o estudios, para crear equilibrio y armonía en toda la humanidad.

Amma dice: «Los valores del amor, la compasión, el ocuparse de los demás, la honradez, la veracidad, la humildad y el perdón ahora son casi una lengua olvidada. Afortunadamente, están "olvidados", pero no "perdidos". Al igual que un espejo cubierto de polvo, estos valores se mantienen en lo profundo de nosotros mismos, aunque ocultos. Solo tenemos que sacudirnos el polvo y volveremos a descubrir el espejo de la compasión, que es nuestra verdadera naturaleza. De hecho, aprendimos mucho sobre estos valores durante la infancia gracias a nuestros padres. En casi todos los hogares se oye a los padres decir a sus hijos: "Hijo, no mientas nunca. Di siempre la verdad. Pórtate bien con tu hermano o hermana. Deja ese iPad, que es de tu hermano o hermana. Sé honrado..."».

Las ideas, los puntos de vista y las cualidades especiales de liderazgo que se exponen en las páginas de este libro tal vez no sean atractivas para una organización centrada únicamente en el margen de beneficios. Los métodos de Amma pueden ser inimitables, pero no hay duda de que constituye un magnífico modelo inmensamente inspirador. El enfoque que se expone en este libro puede ser una enorme fuente de poder tanto para la gestión del mundo interior como la del mundo exterior si el lector está dispuesto a estudiar los ejemplos y adoptar el estilo de gestión que se describe en él.

Capítulo dos

El modelo del espejo

E l «New York Times» publicó este artículo en su edición del 25 de mayo de 2013:

«De hecho, Amma ha dado impulso a toda una organización que a menudo cubre el vacío dejado por el Estado. Cuando un tsunami devastó zonas del sureste de la India en 2004, el gobierno del estado de *Kerala* tardó cinco días solo en anunciar en qué iba a consistir su ayuda de emergencia; sin embargo, Amma empezó a actuar en cuestión de horas, dando alimento y cobijo a miles de personas. En los siguientes años, su organización afirma haber construido más de seis mil casas. Ha creado una inmensa organización que es la envidia de los sectores público y privado de la India. Dicen que ella ha construido un lugar en el que todo, desde los interruptores de la luz hasta las plantas de reciclaje, funciona correctamente, y en la India quizá este sea el mayor de todos los milagros».

El diario «The Khaleej Times», uno de los más importantes de Dubai (Emiratos Árabes Unidos), destacó el siguiente artículo en su edición del 9 de diciembre de 2011:

«Una persona que dejó la escuela en cuarto grado abre camino al retorno de cerebros.

«El llamamiento del primer ministro, Dr. *Manmohan Singh*, a los científicos indios que viven en el extranjero para que vuelvan a la India para ayudar al país a entrar en la liga de los países desarrollados no atrajo a un gran número de ellos a pesar de los múltiples incentivos ofrecidos; pero una mujer que solo ha estudiado hasta cuarto grado está consiguiendo que algunos de los mejores cerebros vuelvan a la India. La tan publicitada inversión de la fuga de cerebros está siendo catalizada por *Mata Amritanandamayi*, que se ha convertido en una de las principales líderes espirituales de la India rompiendo numerosas barreras, como las de casta, origen social, nivel económico y educativo, etc. *Amritanandamayi*, popularmente conocida como Amma, ha estado atrayendo a los mejores científicos de todo el mundo, no ofreciéndoles enormes cantidades de dinero sino inculcándoles un mayor sentido del servicio a los demás».

¿Cómo lo consigue? ¿Cuáles son sus principales herramientas? Las técnicas que utiliza no son nuevas. Son las ancestrales herramientas del Amor, la Compasión, la Escucha y la Paciencia. En lo que se refiere a recompensar con paz, felicidad y satisfacción además de prosperidad material, Amma es la experta y la creadora suprema. Yo llamo a esta extraordinaria metodología el modelo MIRROR (del espejo):

1. **Meditación**: Encontrar el punto interior de silencio, poniéndolo en práctica mediante la escucha sincera de los problemas y las cuestiones que plantean los miembros del equipo y ofreciendo guía y dirección sin perder la claridad, la paciencia y la ecuanimidad. Eso no significa que tengamos que sentarnos en *samadhi* veinticuatro horas al día, sino que se trata de la capacidad interior de soltar, retirarse y mantenerse apartado de la multitud de personas y pensamientos a fin de centrarse en lo que nos ocupa hasta que se rompa la cáscara que oculta la solución. Por poner un ejemplo, lo compararía con una gallina sentada sobre sus huevos hasta que estos eclosionan y nacen los pollitos.

Amma dice: «Con todo lo que está pasando en nuestro mundo actual, el único camino para mantenerse cuerdo es hacer de la meditación parte de nuestra vida diaria. Nuestros profesionales todavía tienen que conocer los asombrosos beneficios que les puede aportar la meditación. Todo un mundo de tesoros inexplorados permanece encerrado en nuestro interior, pero por desgracia nadie quiere abrirlo aunque dispongamos de la llave. Nos estamos perdiendo la contemplación de ese inmenso tesoro, porque nuestros pensamientos y emociones negativas han levantado grandes barreras entre nosotros y la fortuna que tenemos dentro. Es como estar frente a una flor celestial y no verla».

Cuando se domina la meditación, la mente permanece firme como la llama de una lámpara en un lugar sin viento.

Bhagavad Gita 6.19

2. **Intuición:** Cuando ya somos conscientes del silencio interior gracias a la meditación, lo que nos guía ya no es la mente con sus pensamientos conflictivos, sino que desarrollamos otra facultad: una mente intuitiva que nos permite adoptar las decisiones adecuadas en el momento adecuado y con la comprensión adecuada.

A pesar de todos los avances de la ciencia y la tecnología y de todos los complejos equipos con que contamos, hay ocasiones en que ni la mente ni el intelecto nos pueden dar las respuestas que buscamos. Son muchos los momentos en los que hasta los cerebros más brillantes se quedan inmovilizados y atascados, incapaces de avanzar. Hemos hecho el máximo esfuerzo, lo hemos hecho todo, y ahora las cosas se detienen en un estado de estancamiento. Entonces es cuando necesitamos la ayuda de la intuición, una facultad que nos conecta con la fuente desconocida del conocimiento.

Amma dice: «Ser intuitivo significa ser espontáneo. El primer paso hacia la espontaneidad es el esfuerzo y el trabajo duro. El segundo paso es soltar, olvidar todo lo que se ha hecho antes y estar en el presente, en un estado mental de reposo. Desde ese estado emerge el tercer paso, en el que la mente intuitiva empieza a funcionar».

Steve Jobs, una luminaria de nuestro tiempo, dijo: «Tu tiempo es limitado, así que no lo malgastes viviendo la vida de otra persona. No te quedes atrapado en el dogma de vivir con los resultados del pensamiento ajeno. No permitas que el ruido de las opiniones de los demás ahogue tu propia voz interior. Y lo más importante: ten el valor de seguir tu corazón y tu intuición».

3.- Responder en lugar de Reaccionar: Respuesta y reacción son dos maneras distintas de ver una situación o a una persona. La respuesta es un estado natural y relajado de la mente. Consiste en permitir, en abrirse. Una persona que responde tiene más comprensión. Eso ayuda a afrontar las situaciones sin una actitud juzgadora, lo que abre nuevas vías de conocimiento. En la respuesta vemos cosas que los demás no ven. Nuestra aproximación sin prejuicios a las cosas hace que nuestras decisiones sean más acertadas. Esta actitud tiene un efecto positivo en nuestra productividad. De hecho, la «respons-abilidad» es la capacidad de responder.

Por el contrario, la mente de una persona reactiva tiene un aspecto relativamente desequilibrado. Cualquier persona o cosa puede hacer que se sienta molesta y agitada. La encontramos al borde de la explosión. Y, lo que es más importante: como la mente de una persona reactiva pierde a menudo la calma, las decisiones que tome carecerán de precisión.

De hecho, al reaccionar invitamos a nuestro competidor a vencernos, ya que la reacción nos hace vulnerables. Y, por el contrario, la respuesta es el rasgo propio de una persona mentalmente fuerte que controla mejor sus emociones.

Si una situación lo requiere, la respuesta permite que la ira salga a la superficie de forma consciente, pero la emoción no nos domina. La reacción permite a la ira que nos someta, con lo que nuestras acciones carecen de la conciencia adecuada.

Por lo general vemos a las personas, las situaciones y los objetos a la luz de nuestras experiencias pasadas. No podemos dejar de ser críticos. Sucede de forma inconsciente y es nuestra segunda naturaleza. Lo que realmente no entendemos es que, cuando permitimos que nuestro pasado juzgue algo, lo que estamos haciendo es reaccionar, no responder. La reacción viene del pasado y la respuesta viene del presente.

¿Cómo vemos a nuestros padres, familiares, jefes o compañeros de trabajo? Anclados en nuestros ayeres, ¿verdad? Hemos acumulado demasiadas impresiones sobre ellos procedentes del pasado. Estos viejos patrones son como una cortina de humo que nos impide contemplarlos con ojos nuevos en cada momento. Sin embargo, si lo pensamos realmente, ¿no sería más correcto decir que volvemos a nacer en cada momento? Algunas cosas mueren en nosotros, mientras que otras nacen; pero, cuando vemos a las personas con nuestra mente anclada en el pasado, no percibimos este aspecto nuevo de la vida. ¿No estaremos perdiéndonos algo muy valioso al no tener en cuenta esta dimensión de las personas y de las cosas? Para resumir toda la idea: una gran mayoría de nosotros cree que estamos respondiendo cuando en realidad estamos reaccionando, ya que siempre vemos las situaciones y a las personas desde el lugar donde almacenamos nuestros recuerdos del pasado. Por eso, la respuesta es muy inusual, mientras que la reacción se produce con suma frecuencia.

Thomas Paine, un escritor, revolucionario, radical, inventor, intelectual y uno de los padres fundadores de los Estados Unidos de América, respondió de esta manera cuando se le preguntó cómo gestionar la ira: «El mejor remedio para la ira es dejarla para más adelante».

Amma sugiere: «Cuando alguien te critica, al menos dile a la otra persona: "Déjame consultarlo con la almohada y te diré algo dentro de unas horas. Si lo que dices es verdad, lo aceptaré. Si no, te lo devolveré". Lo más probable es que te des cuenta de que la otra persona estaba en lo cierto y tú estabas equivocado, ya que estabas en un modo reactivo y la otra persona estaba en un estado mental más calmado y podía quedarse a un lado y ser un testigo».

Cada perturbación mental que se desencadena tiene una frecuencia, una intensidad y un período de recuperación determinados. Una elevación de nuestro nivel de conciencia reducirá al mínimo esas perturbaciones emocionales. Cuando seguimos trabajando sobre nuestro nivel de conciencia, el tiempo que tardamos en volver a la normalidad también disminuye. Esa conciencia acaba ayudándonos a mantener la calma, la alegría y la confianza en todo momento. A medida que nuestra capacidad interior de volver al estado de calma se hace más profunda, todo nuestro proceso de pensamiento se agudiza y nuestras decisiones se vuelven más acertadas.

4.- **Unidad (Oneness)**: Una sensación de unidad entre el empleador y el empleado. Los principales factores que conducen a esa unidad son el vínculo que surge del amor y la capacidad de escuchar. Estos dos factores —amar y escuchar— van de la mano. Un corazón amoroso escucha. Escuchar da más fuerza y confianza a los miembros del equipo. Se abren, confían y desempeñan sus funciones más como un servicio llevado a cabo con entrega que como un mero trabajo realizado para ganar dinero y ascensos. En este enfoque hay cooperación y cada uno sincroniza su actividad con la de los demás. Todo el equipo trabaja unido con comprensión mutua para alcanzar las metas propuestas.

Amma dice: «Dios no es un individuo sentado por encima de las nubes en un trono de oro y que se dedica a criticar. Dios es la conciencia pura omnipresente, que es nuestra verdadera naturaleza. En consecuencia, todos somos esencialmente uno. Igual que la misma electricidad se manifiesta por medio de una bombilla, un ventilador, una nevera, un televisor o cualquier otro electrodoméstico, el mismo principio de vida es el que nos conecta a todos. Cuando la mano izquierda siente dolor, la derecha automáticamente la acaricia y la consuela, pues las dos forman parte de una unidad: nuestro cuerpo. Del mismo modo, no somos entidades totalmente desconectadas que viven en un mundo aislado. Todos formamos parte de la misma cadena universal».

Fritjof Capra, un conocido físico, señaló en su libro «El punto crucial»: «Así pues, la teoría cuántica revela una unidad básica del universo. Muestra que no podemos descomponer el mundo en unidades mínimas con existencia independiente».

5.- **Veneración (Reverence):** No es respeto nacido del miedo sino veneración nacida del amor. Los empleados sienten tanto respeto como amor por el empleador. Esta veneración crea un ambiente de trabajo relativamente libre de fricciones tanto para el empleador como para los empleados.

Amma dice: «La enseñanza de la cultura, el patrimonio y los valores debe tener un lugar en el plan de estudios general si deseamos conservar la diversidad perdida por culpa de la globalización. Además de asignaturas como las matemáticas y la lengua, la educación en valores como el amor, la compasión y la veneración a la naturaleza deben formar parte del plan de estudios básico. Cuando nos dirigimos a los demás con respeto, comprensión y aceptación, somos capaces de comunicarnos desde el corazón».

Al estar todo lleno de una indivisible e intrínseca Conciencia de Dios, una actitud reverencial nos eleva a un plano superior de energía pura.

En el modelo MIRROR, el equipo está dirigido por un modelo entusiasta e inspirador. Dando ejemplo de amor, paciencia, compasión, aceptación, perseverancia, control perfecto de las emociones y una actitud amistosa, la sensación de «unidad» sustituye la sensación de «otredad». La sensación de «yo me debo» al mundo y a mis semejantes sustituye la sensación de «yo soy». La sensación de que «todos estamos aquí para servir, así que seamos humildes» sustituye a la sensación de «yo soy el jefe, así que obedecedme».

La extraordinaria capacidad de Amma para escuchar toda clase de problemas y su asombrosa destreza para relacionarse con personas de todos los niveles sociales y todas las partes del mundo es legendaria. Decenas de miles de personas acuden a verla dondequiera que vaya. Por grande que sea la multitud, Amma se sienta durante horas y horas recibiendo a cada persona con un cálido abrazo, independientemente de su sexo, edad, nivel social o estado físico. Escucha pacientemente a quienes le abren su corazón. Y cada una de estas sesiones no acaba hasta que ve a la última persona de la fila.

A causa de la mala salud de su madre, Amma tuvo que dejar sus estudios después de cuarto curso de primaria. A esa tierna edad, tuvo que asumir toda la responsabilidad de atender las tareas del hogar. Amma sólo habla *malayalam*, su lengua materna; sin embargo, se comunica fácilmente con personas de todas las nacionalidades, lenguas y culturas, y ante ella no se tiene ninguna sensación extraña o de otredad.

Cada uno tenemos nuestras propias convicciones sobre la vida y las metas que deseamos alcanzar. La convicción de un ladrón es «robar». Una persona interesada por el dinero solo desea «ganar dinero como sea». De igual manera, un jugador está convencido de que «el juego es la vida». La convicción de Amma es, tal como lo expuso en su discurso en la conferencia de la UNAOC (la Alianza de Civilizaciones de las Naciones Unidas) celebrada en Shanghai el 29 de diciembre de 2012: «Desde mi experiencia, el único idioma que la humanidad y el resto de los seres vivos entiende es el del Amor. Durante los últimos cuarenta años he estado comunicándome con personas de todas las lenguas, razas, colores, castas y religiones, desde los más pobres a los más ricos y famosos, con el idioma del Amor. No hay barreras para el Amor. Tengo plena fe en el poder transformador del Amor para unir todos los corazones».

Capítulo tres

Celebrar el trabajo

En su discurso con motivo del Cincuenta Aniversario de las Naciones Unidas, celebrado en Nueva York, Amma dijo: «Este mundo es como una flor. Cada nación es un pétalo. Si uno de los pétalos está infestado, ¿no afectará los demás pétalos? ¿No destruye la enfermedad la vida y la belleza de la flor? ¿No tenemos cada uno de nosotros el deber de proteger y conservar la belleza y la fragancia de esa única flor mundial para que no sea destruida?».

El éxito es el *mantra* favorito de todos en el mundo actual. De hecho, lo que la gente busca en la vida ha sido siempre lo mismo. Solo cambian las palabras y las interpretaciones.

Las diferentes culturas definen el éxito de distintas maneras. Para la mayoría de las personas consiste en el dinero, el poder y los placeres, algo parecido a una filosofía hedonista. Tal como nos aconseja Siduri, un personaje de la «Epopeya de Gilgamesh» (un poema épico de Mesopotamia): «Llenaros el vientre. Divertiros día y noche. Que los días transcurran llenos de alegría. Danzar y tocar música día y noche. Estas deben ser las únicas preocupaciones de los hombres». Posteriormente surgieron otras versiones del hedonismo, como el hedonismo ético, el hedonismo cristiano, el utilitarismo, el epicureísmo, etc.

En la India tuvimos a *Charvaka*, un hindú heterodoxo que defendía una filosofía materialista. Su opinión era esta: «Cuando el cuerpo se convierte en cenizas, ya no hay vuelta atrás. Por tanto, comed, bebed, disfrutad y pasadlo bien». Aunque tengan nombres diferentes, todos estos enfoques se basan en el materialismo, en vivir buscando el placer. La diferencia solo es de grado. En el mundo actual, a excepción de una minoría marginal, la inmensa mayoría cree firmemente en una filosofía parecida. Todas las definiciones e ideas que tenemos del éxito en cualquier ámbito de actividad y de la vida se pueden caracterizar en última instancia como materialistas.

Creemos que nuestra vida es muy larga, pero Amma dice que, en realidad, es muy corta. Es como una burbuja si la comparamos con el tiempo infinito. La vida es como un gran saco de oro que se nos da al nacer, un regalo maravilloso; pero, en cuanto tomamos nuestro primer aliento, el universo empieza a descontar el tiempo... y ya no se detiene, nunca. No deja de quitar y quitar hasta que nos quedamos en bancarrota. Y, cuando estamos en bancarrota, nos visita la Muerte. Así que vive la vida al máximo.

Hace poco leí un editorial en uno de los periódicos más importantes. El autor, un conocido consultor de gestión y administración, decía: «La codicia en sí misma es buena, ya que da a la gente una razón para levantarse por la mañana, ir a trabajar e intentar tener éxito en algo. La codicia se vuelve negativa cuando se cruza la línea y, en lugar de tratar de hacer algo bueno, se dedica a cometer actos inmorales o delictivos».

Khaled Hosseini, que actualmente es Enviado de Buena Voluntad del Alto Comisionado de las Naciones Unidas para los Refugiados (ACNUR), escribe en su novela «Cometas en el cielo», éxito de ventas del «New York Times»: «Aquella misma noche escribí mi primer cuento. Tardé media hora. Era una pequeña y oscura historia sobre un hombre que encontraba una taza mágica y descubría que, si lloraba en ella, las lágrimas se convertían en perlas; pero, aunque siempre había sido pobre, era un hombre feliz que apenas derramaba lágrimas. Así que encontró la manera de sentirse triste para conseguir que sus lágrimas le hicieran rico. A medida que las perlas se amontonaban, su codicia aumentaba. La historia terminaba con el hombre sentado sobre una montaña de perlas, cuchillo en mano y llorando desconsoladamente en la taza, sosteniendo el cuerpo sin vida de su amada esposa».

Tras leer la sinopsis de esta historia, imagino que estaréis de acuerdo conmigo en que la afirmación del editorial —«la codicia en sí misma es buena»— no es correcta. Al margen de las consecuencias que puedan derivarse de ella, la codicia no debe ser el motor. Por el contrario, debería serlo un profundo sentimiento de alegría respecto a lo que estamos haciendo. Debemos tener un objetivo más amplio que la mera acumulación de riqueza.

Amma dice: «El deseo es algo natural en los seres humanos. Es parte de la existencia. Sin embargo, la codicia y el ansia no son naturales y están en contra de la existencia, en contra de Dios. Lo mismo podemos aplicarlo a desperdiciar comida o a tomar más de lo necesario de la naturaleza. Esas acciones se oponen a las leyes establecidas por la naturaleza».

¿Cómo explicar la recesión en una sola frase? Es la avaricia empresarial inundando la sociedad. El meollo del asunto consiste en que, consciente o inconscientemente, olvidamos la riqueza interior del contento. No nos importa desarrollar el conocimiento interior del discernimiento.

Hace tan sólo unos pocos años las posesiones más preciadas, como un coche, un teléfono móvil, etc., eran vistos como objetos de lujo. Actualmente se han convertido en necesidades. Así que los lujos del pasado se han convertido en las necesidades de hoy. Las necesidades se manifiestan ahora como un aumento de los deseos; pero la cosa no queda ahí: esos deseos adoptan ahora la forma malévola de la codicia y la explotación extremas. Esta actitud se traduce en una pérdida de los valores fundamentales, lo que a su vez está causando un desequilibrio de los recursos. Aunque veamos desmoronarse el mundo que nos rodea, no queremos cambiar de mentalidad. Seguimos siendo explotadores.

Según los economistas, «los deseos son ilimitados». También en la vida los deseos y necesidades son objetivos importantes que alcanzar.

Al contemplar los objetos de los sentidos, surge el apego hacia ellos, y de ese apego nace el deseo, y cuando surge algún impedimento en el camino del disfrute de ese deseo, se manifiesta una fuerza llamada ira. De la ira surge el engaño, y del engaño la confusión de la memoria. Cuando la memoria está confusa, se pierde la inteligencia, y, por la pérdida de la inteligencia, se baja de posición.

Bhagavad Gita 2.62–63

Si la enfermedad que se apodera de una persona se convierte en su esencia, esa persona no se dará cuenta de que hay una enfermedad. Cuando esa ignorancia llega a ser la esencia de nuestra existencia, no hay manera de escapar de ella.

La verdadera clave del éxito es olvidar el pasado y vivir en el presente, en este momento. Amma dice: «Vivir en el presente no significa que no haya que hacer planes. Mientras planees un puente, estate completamente allí. Y mientras lo construyas, estate plenamente allí. Cuando un médico está operando a un paciente no debe estar pensando en su mujer y sus hijos que están en casa. Si no se concentra plenamente en ese momento, puede perder al paciente en la mesa de operaciones. Pero cuando esté en casa con su esposa y sus hijos debe ser un buen marido y un buen padre (o una buena esposa y madre, si se trata de una cirujana). Llevarse el trabajo a casa y la casa al trabajo son igual de peligrosos. El trabajo solo es gozoso cuando somos capaces de poner amor en él. El amor está en el presente. Por eso, enamorarnos de nuestro trabajo es conectar de nuevo con la fuente misma de la felicidad. Ese enamoramiento, tomado con el espíritu correcto, nos ayudará a crecer en amor y felicidad. Conserva esa alegría, el profundo sentimiento de amor, que poco a poco nos elevará al nivel de un auténtico maestro en el trabajo que hagamos».

De hecho, cuando estamos totalmente absortos haciendo algo que nos interesa, nos olvidamos de nuestro nombre, cargo, dirección, familia y posición social. Les sucede a los poetas, pintores, cantantes, bailarines, científicos y a las personas que se plantean ideas innovadoras. Ese estado de ánimo gozoso viene de nuestro interior. La fuente no está fuera. En ese estado nos olvidamos incluso de la clase de trabajo que estamos haciendo, sea un trabajo respetable o uno de baja categoría, porque el disfrute se vuelve más importante.

Hace unos años, cuando la sede del MAM en *Kerala* no era más que un pequeño trozo de tierra rodeado de agua, una de las tareas cotidianas de los residentes era la «*seva* de la arena». Era una oportunidad de servicio en la que todo el mundo ayudaba a rellenar con arena nueva las zonas pantanosas que rodeaban el Centro. La arena, transportada desde lugares distantes, se amontonaba en la orilla de la ría. Desde allí se metía en cestos que los residentes transportaban sobre la cabeza hasta las zonas que tenía que rellenar cada uno de ellos.

Después de las oraciones de la tarde y de la cena, la campana anunciando la *seva* de la arena podía sonar en cualquier momento. Esa tarea se había convertido en una parte del programa habitual de los residentes, de modo que todos esperaban ansiosos a que sonara la campana. Podía oírse a las diez, las once, las doce o incluso pasada la medianoche. En cuanto sonaba la campana, todos los residentes estaban preparados con sus cestos, palas, azadas, picos y demás herramientas necesarias para la *seva* de la arena.

En primer lugar, todos los residentes, independientemente de su edad, nacionalidad, género o idioma, se reunían delante de la habitación de Amma para esperarla. Enseguida Ella aparecía y decía: «Muy bien, vamos…». Amma se ponía al frente, participando plenamente. A veces metía arena en sacos, otras llevaba un saco de arena sobre los hombros desde el montón de arena hasta la zona pantanosa. Al mismo tiempo, supervisaba todo el trabajo y daba instrucciones. De vez en cuando contaba algún chiste, cantaba una canción y, a veces, daba unos pasos de baile con la arena sobre la cabeza o el hombro. Aunque los residentes trataran de evitar que cargara un pesado saco de arena o que llenara sacos con la pala, ella decía sonriendo: «Si tú puedes, yo también».

Cada miembro del equipo trabajaba con la mayor sinceridad, entusiasmo y amor. Era divertido, una ocasión realmente gozosa en la que el trabajo se transformaba espontáneamente en alegría, como si todo el mundo estuviera bailando. Los que participaban ni siquiera se daban cuenta del paso del tiempo. La *seva* de la arena solía durar poco más de dos horas. El trabajo llegaba a su fin cuando todos oían a Amma decir: «Basta por hoy». Era mucho después de la medianoche.

Pero ese no era el final. Guiando al grupo entero de vuelta a la sede de la ONG, la siguiente pregunta de Amma era: «¿Está preparado el café? ¿Tenéis la "mezcla" lista?». (La «mezcla» suele consistir en distintos comestibles fritos y rodajas saladas de plátano frito). En cuanto llegaban el café y la mezcla, Amma se sentaba en la arena rodeada por los residentes. Después servía el café y repartía la mezcla entre todos.

Recuerdo vivamente algo que ocurrió en una de esas ocasiones. Cuando Amma repartía café y rodajas de plátano frito, de repente le dijo a uno de los residentes que estaba a punto de recibir su ración:

—No has trabajado, ¿verdad?

—No, me fui a la cama.

—¿Es justo disfrutar del fruto de la acción de otras personas? —preguntó ella con voz tranquila.

—No —respondió él con sinceridad—. Lo siento, Amma.

Mientras se alejaba, Amma lo llamó y le dijo:

—No quiero que te sientas triste, porque eso también me entristece a mí; pero tampoco quiero que otros se sientan molestos contigo, ni quiero dar un mal ejemplo. No puedo ser parcial. No debe darles a los demás la impresión de que también pueden hacer lo que quieran. La mente es tan astuta que siempre está buscando excusas para huir de las situaciones y responsabilidades. ¿Me equivoco? ¿Qué piensas?

Esta vez el residente parecía realmente arrepentido:

—Amma, tienes toda la razón.

—Ahora haz una cosa —le dijo entonces Amma—: lleva un solo saco de arena desde la orilla de la ría hasta donde estábamos rellenando el pantano. Después vuelve y recibirás tu ración de café y rodajas de plátano frito.

Cuando se fue a hacer lo que Amma le había pedido, esta les dijo a los demás:

—Tiene que llevar un saco porque Amma no quiere ser injusta con los que han estado trabajando desinteresadamente. El disfrute y la relajación son un resultado de la acción desinteresada.

Podemos sentirnos inclinados a pensar que Amma se mostró demasiado exigente dando demasiada importancia a un error que no la tenía y haciéndolo parecer una grave falta; sin embargo, los hábitos y el carácter que configuran nuestra personalidad se originan a partir de pensamientos que normalmente pasamos por alto por parecernos insustanciales o sin importancia. Todos sabemos que la acumulación de malas acciones puede desembocar en situaciones peligrosas. Por ejemplo: se empieza con hurtos pequeños o insignificantes y se acaba siendo un verdadero ladrón.

A menudo el éxito también empieza siendo pequeño y después va creciendo. La génesis de empresas multinacionales como Microsoft y Apple fue modesta. Dos multinacionales de la India, *Tata* y Reliance, también tuvieron orígenes humildes. La inversión de capital inicial en Infosys fue de solo doscientos cincuenta dólares. Desde ahí ha crecido hasta convertirse en una empresa valorada en siete mil cuatrocientos millones de dólares, con una capitalización en el mercado de unos treinta y un mil millones.

Una manzana que cae al suelo no es una gran cosa; pero en la mente de Sir Isaac Newton ese hecho abrió un mundo completamente nuevo que le llevó a realizar un gran descubrimiento. Todo lo que hay en la naturaleza empieza siendo pequeño. Un enorme árbol brota de una semilla diminuta. Según la teoría del Big Bang, todo el universo se desplegó a partir de un pequeño punto de singularidad. Como dijo Ralph Ransom, el pintor estadounidense: «La vida consiste en una serie de pasos. Las cosas se hacen poco a poco. De vez en cuando hay un paso de gigante, pero la mayor parte de las veces estamos dando pasos pequeños y aparentemente insignificantes en la escalera de la vida».

Amma dice: «En este mundo no hay nada que carezca de importancia. Todo es importante, todo es significativo. Un avión no puede despegar si tiene un problema técnico en el motor. Y tampoco si le falta un tornillo imprescindible. Comparado con el motor, el tornillo es pequeño. ¿Podemos decir que como el motor es grande y el tornillo es pequeño no tenemos que preocuparnos por este? No, no podemos».

Como ciudadanos responsables que realizan una contribución a la sociedad, es importante entender que nada puede ser descartado como si careciera de importancia. Todo tiene un fin. Los lectores deben saber que casi todo el terreno del Centro Espiritual que vemos hoy en *Kerala* (India), antes era una zona pantanosa. No se recurrió a contratistas externos, y fueron los residentes y visitantes los que rellenaron y nivelaron la tierra hasta su situación actual, guiados continuamente por la presencia física y la participación de Amma.

Aunque el suceso que hemos relatado antes sobre la *seva* de la arena parezca poca cosa, muestra la necesidad de cultivar la conciencia en todas las circunstancias de la vida. Como lo expresa Amma: «Sin conciencia no hay vida. La auténtica conciencia consiste en darse cuenta de los movimientos del cuerpo, de las cosas que suceden fuera del cuerpo y de los pensamientos y emociones que tienen lugar en la mente. Esa es la verdadera manera de impedir que los vicios nos dominen». Eso me recuerda un dicho de Aristóteles: «El valor último de la vida depende de la conciencia y de la capacidad de reflexión y no de la mera supervivencia».

La historia de la *seva* de la arena también muestra la necesidad de tener una actitud afectuosa y humilde ante la gente y ante las situaciones que nos encontremos. Cuando Amma le dice al residente: «No quiero que te sientas triste, porque eso hace que yo también me ponga triste», muestra su afecto por los miembros de su equipo. No dándole café y rodajas fritas de plátano al residente que no participó en la *seva* de la arena, Amma enviaba claramente un mensaje de «trato justo» y de que «no siempre podemos actuar a nuestra manera; hay que jugar en equipo». De esa manera consiguió que todos se sintieran felices.

La enseñanza más valiosa es el modo en que Amma transforma el trabajo normal en una experiencia gozosa y muestra la capacidad que tiene un líder de inspirar realmente a los miembros de su equipo y mantenerlos animados independientemente de la hora que sea del día o de la noche. Como señaló acertadamente J. R. D. *Tata*: «Si queremos ganarnos a la gente, tenemos que hacerlo por medio del carácter y la bondad. Para ser un líder hay que dirigir a los seres humanos con cariño».

Capítulo cuatro

Ciclos virtuosos y viciosos

Los términos económicos «círculo virtuoso» y «círculo vicioso» también se denominan «ciclo virtuoso» y «ciclo vicioso». Se suelen emplear para designar una serie de complejos procesos que refuerzan el movimiento de avance/retroceso o los resultados favorables/desfavorables mediante lo que podría llamarse un circuito de retroalimentación. Como indican los términos, un círculo virtuoso produce resultados alentadores, mientras que un círculo vicioso produce resultados desalentadores o desfavorables.

Un círculo virtuoso puede generarse cuando las innovaciones científicas y tecnológicas provocan un crecimiento económico. La reacción en cadena sería esta: producción más eficiente, reducción de costes, precios más bajos y una mayor capacidad adquisitiva y de consumo, lo que provoca un crecimiento aún mayor de la economía, iniciándose así un nuevo ciclo. Otro ejemplo podría ser el de un capital depositado a interés compuesto, que sigue generando intereses mayores e influye favorablemente en el depósito de mayores capitales, aumentando así el interés, y así sucesivamente.

La hiperinflación es un resultado típico de un círculo vicioso, que provoca una espiral de inflación causando una inflación aún más alta. Este ciclo suele comenzar con un rápido aumento de los precios internacionales o con una enorme escalada de la morosidad gubernamental debida principalmente a gastos innecesarios. El gobierno puede tratar de reducir los pasivos acuñando más moneda, lo que se conoce como monetización de la deuda; pero un aumento de la oferta de dinero puede acelerar todavía más la intensidad de la inflación. La gente tenderá a gastarse el dinero rápidamente anticipando una futura bajada del valor del dinero. Como el dinero sigue teniendo cierto poder de compra, las personas convierten sus ahorros en bienes materiales. Muy a menudo esas compras se realizan con la ayuda de créditos, lo que acaba de hacer caer el valor del dinero. A medida que disminuye el ahorro de un país, el gobierno se encuentra con más dificultades para pagar sus deudas y su única salida es acuñar más moneda. Esto da lugar a un nuevo ciclo vicioso. La política monetaria de la India es diferente de la de los países occidentales, en especial de la de Estados Unidos y algunos países europeos. El Banco de la Reserva India (RBI) deposita un determinado porcentaje de oro en sus cámaras acorazadas en proporción a la monetización, reduciendo así al mínimo la posibilidad de inflación.

Como los seres humanos no hemos sido capaces de utilizar sensatamente los recursos disponibles, tanto naturales como de otras clases, se va a producir una situación de desequilibrio a menos que adoptemos medidas drásticas para mejorar la situación actual. La brecha cada vez mayor entre ricos y pobres producirá una distribución de los recursos injusta y desigual, que automáticamente causará infelicidad, descontento y conflicto.

Es hora de incorporar nuevos principios que tal vez no parezcan intelectualmente convincentes, pero que son vitales vistos desde la situación en la que se encuentra la humanidad en estos momentos. El nuevo enfoque debe consistir en pasar de un corazón calculador a un corazón sensible. Es hora de crear un cierto grado de equilibrio entre las decisiones que se adoptan empleando la inteligencia, el razonamiento puro y el análisis lógico y las decisiones que se adoptan empleando el corazón, la conciencia y el poder superior, de modo que nuestros dos mundos, el exterior y el interior, actúen unidos.

El susurro de nuestra conciencia es suave, sutil y subjetivo, por lo que también es necesario aplicar la capacidad de escuchar profundamente. Tratemos de adquirir el hábito de mirar cara a cara nuestra conciencia. Si la conciencia sugiere o dice que «no» a algo, es mejor no seguir. Hemos descuidado por completo la conciencia mientras nos dedicábamos a explotar los recursos naturales.

No me cabe la menor duda de que la mayor parte de los lectores estarán de acuerdo en que nuestro planeta Tierra necesita desesperadamente un apoyo amoroso y un trato compasivo. Su llamada es tan patente que no solo la pueden experimentar las mentes sutiles y sensibles. Personas de todo el mundo, los reinos animal y vegetal, nuestros ríos, la naturaleza entera y la atmósfera están mandando señales claras de una tragedia sin precedentes. Siendo francos, nos encontramos en una situación de «vida o muerte». Solo nos caben dos opciones: o realizar inmediatamente cambios internos y externos o seguir con nuestros viejos patrones y esquemas dejando que la naturaleza siga su propio curso.

Me vienen a la cabeza las palabras del profesor Stephen Hawking, el astrofísico más famoso del mundo. En una entrevista para los «cazadores de ideas» de «Big Think», dijo: «Veo grandes peligros para la raza humana. En el pasado ha habido momentos en los que su supervivencia ha pendido de un hilo. La crisis de los misiles de Cuba de 1963 fue una de ellas. Es probable que la frecuencia de esas situaciones aumente en el futuro. Vamos a necesitar mucho cuidado y buen juicio para afrontarlas con éxito. No obstante, soy optimista. Si podemos evitar el desastre en los próximos dos siglos, nuestra especie estará a salvo mientras nos extendemos por el espacio.

»Si somos los únicos seres inteligentes de esta galaxia, debemos asegurarnos de sobrevivir y perdurar; pero estamos entrando en un período cada vez más peligroso de nuestra historia. Nuestra población y el uso que hacemos de los recursos limitados del planeta Tierra están creciendo exponencialmente, igual que nuestra capacidad técnica de cambiar el medio ambiente para bien o para mal. Pero nuestro código genético todavía contiene los instintos egoístas y agresivos que nos permitieron sobrevivir en el pasado. Será bastante difícil evitar el desastre en los próximos cien años, por no hablar de los próximos miles o millones de años. Nuestra única posibilidad de supervivencia a largo plazo no consiste en permanecer mirando hacia el interior del planeta Tierra, sino en extendernos por el espacio. Hemos hecho progresos muy notables en los últimos cien años; pero si queremos ir más allá en los próximos cien, nuestro futuro está en el espacio. Por eso estoy a favor de los vuelos espaciales tripulados».

Aunque el profesor Hawking hizo notar que «extendernos por el espacio» es «nuestra única posibilidad de supervivencia a largo plazo», en la práctica tal vez eso no sea posible; pero, si el ser humano quiere, con la ayuda de la ley que rige el universo todavía podemos transformar este planeta Tierra en un lugar bello y lleno de recursos para las generaciones futuras. Ese cambio exige una metamorfosis que consiste en experimentar, expresar y practicar el amor, la emoción más entrañable para la humanidad y para todos demás los seres vivos. O bien podemos cerrar los ojos a todo lo que está sucediendo en el mundo y, centrándonos en nuestras satisfacciones inmediatas, decir: «No me preocupan ni el mundo ni las generaciones futuras». Antes de adoptar esa actitud, imaginad el estado de nuestro mundo si todos los individuos pensaran de esa forma.

De hecho, «el amor es un medio». Como medio, conecta a los seres humanos con el universo, a la madre con el hijo (sea un hijo humano, uno animal o un polluelo). Es el eslabón que nos conecta entre nosotros; pero ese amor inherente hay que alimentarlo. Tal vez el amor no sea el «espacio» al que se refiere Hawking; pero en realidad el amor siempre ha sido el «espacio» del ser humano, la verdadera morada inexplorada de la humanidad. El amor seguirá siendo nuestro verdadero «espacio» de existencia, tanto en el presente como en el futuro, a menos que optemos por abandonar ese espacio sagrado. El meollo de la marca Amma como embajadora del modelo del espejo es: «nacer en el Amor, vivir en el Amor y morir en el Amor».

Basta con una palabra para describir la naturaleza compasiva de Amma: dar. Esa palabra sintetiza la ingente cantidad de acciones humanitarias que ha puesto en marcha y las contribuciones que ha realizado en los campos de la enseñanza, la salud, la investigación, el empoderamiento de la mujer, la construcción de viviendas para personas sin hogar, la protección medioambiental, comidas gratuitas, etc. El Dr. A. P. J. *Abdul Kalam*, expresidente de la India, hablando de los logros de Amma en este terreno, dio este testimonio: «Quiero compartir con vosotros lo que he aprendido de Amma: a dar y seguir dando. No se trata solo de dinero. También se pueden compartir conocimientos. Se puede erradicar el dolor. Cada uno de nosotros, rico o pobre, puede dar. No hay mayor mensaje que el darse de Amma a todas las personas del mundo».

Amma es una visionaria, pero también ha demostrado claramente su capacidad de cumplir lo prometido. Como dijo Michael Bloomberg, el alcalde de Nueva York: «Desde proporcionar ayuda de emergencia a los damnificados por el tsunami hasta la construcción de viviendas para los pobres; desde facilitar recursos económicos a viudas y mujeres maltratadas hasta sencillamente consolar a los que más lo necesitan, Amma, tú has cambiado las cosas para muchos hombres y mujeres agradecidos de todo el planeta».

Como afirmó *Krishna* en la *Bhagavad Gita*: *yogah karmasu kausalam,* «El *yoga* es la destreza en la acción». Amma piensa, decide y actúa a una velocidad increíble. En cada proyecto toma la iniciativa, se centra en su deber y no se preocupa por lo conseguido o por el resultado, todo ello desinteresadamente.

He aquí algunos de sus proyectos:

Ayuda humanitaria

Ayuda de emergencia

• Explosiones en la fábrica de LPG, dedicada a fuegos artificiales, en India del Sur (2012): ayuda a las familias de los fallecidos y heridos.

• Terremoto y tsunami de Japón (2011): un millón de dólares destinados especialmente a los niños huérfanos por el desastre.

• Terremoto de Haití (2010): material médico, mantas y becas para estudiantes.

• Inundaciones de los estados de *Karnataka* y *Andhra Pradesh* (2009): paquete de ayuda de emergencia de 10.700.000 dólares consistente en atención médica, alimentos, suministros y mil viviendas para los desplazados.

• Ciclón Aila de Bengala Occidental (2009): asistencia médica, alimentos y suministros.

• Inundaciones de *Bihar* (2008), *Gujarat* (2006) y Bombay (2005): más de un millón y medio de dólares en medicinas, alimentos, suministros y albergues.

• Terremoto de Cachemira (2005): alimentos y suministros.

• Huracán Katrina de Estados Unidos (2005): un millón de dólares para la Fundación Katrina Bush-Clinton.

• Tsunami de la India y *Sri Lanka* (2004): cuarenta y seis millones de dólares de ayuda de emergencia (construcción de seis mil doscientas viviendas resistentes a los tsunamis, setecientos nuevos barcos de pesca y un puente de evacuación, y formación profesional para dos mil quinientos afectados).

• Terremoto de *Gujarat* (2001): mil doscientas viviendas resistentes a los terremotos.

Otros proyectos benéficos

• Finalizadas 45.000 viviendas para familias pobres de toda la India.

• Concesión de cuarenta y un mil becas para hijos de granjeros empobrecidos. El objetivo es llegar a cien mil becas.

• Empoderar a cien mil mujeres, facilitándoles formación profesional, capital inicial para emprender negocios y acceso a microcréditos.

• Iniciativa de Agricultura Orgánica, apoyando a diez mil personas pobres para que cultiven verduras orgánicas en sus propias tierras.

• Orfanatos para quinientos niños en *Kerala* y cincuenta en Nairobi.

• Dar de comer a lo largo del año a más de diez millones de pobres de la India y cien mil de otros países, entre ellos setenta y cinco mil en Estados Unidos por medio de comedores sociales.

• Pensiones para cincuenta y nueve mil mujeres indigentes y personas con discapacidad física o mental. El objetivo es llegar a cien mil.

• Cuatro residencias de ancianos en la India.

• Albergue para proporcionar vivienda segura a mujeres.

• Proyecto de bienestar para reclusos en Estados Unidos, proporcionándoles consuelo emocional.

Proyectos espirituales y culturales

• El *ashram* de *Amritapuri* (*Kerala*, India) es la sede internacional de la labor humanitaria de Amma, que se lleva a cabo por medio de cientos de centros y grupos de servicio por todo el mundo.

• Técnica de meditación IAM® (Integrated *Amrita* Meditation Technique®), que se imparte gratuitamente en todo el mundo.
• AYUDH ayuda a los jóvenes a «ser el cambio que quieres ver en el mundo» mediante proyectos comunitarios.
• GreenFriends fomenta la veneración a la Naturaleza y ha organizado e inspirado la plantación de un millón de árboles desde 2001.

Atención médica
Instituto *Amrita* de Ciencias Médicas (AIMS)
• Es un hospital sin ánimo de lucro con mil trescientas camas (doscientas diez de cuidados intensivos), que proporciona atención médica gratuita a personas sin recursos.
• Cuenta con doce institutos con las principales especialidades, cincuenta y un departamentos médicos asociados y veinticuatro quirófanos.
• Desde 1998 han recibido atención médica completamente gratuita más de 2.600.000 pacientes.

Servicios a la comunidad del AIMS
• Telemedicina para hospitales y más de cuarenta centros a distancia en toda la India y algunas zonas de África.
• Chequeos médicos en zonas apartadas proporcionando asistencia preventiva.
• Formación de miles de habitantes de zonas tribales como sanitarios.
• Cinco hospitales dependientes (tres en *Kerala*, uno en *Karnataka* y otro en las Islas Andamán) prestan atención médica gratuita.
• Hogar de acogida para enfermos de SIDA en *Trivandrum* y una residencia para enfermos de cáncer en Bombay.
• Cuidados paliativos gratuitos a domicilio para enfermos terminales.

• Organización de más de cien campamentos médicos anuales en toda la India.

• Medicina ayurvédica en el hospital de la Escuela de *Ayurveda*, que dispone de ciento sesenta camas.

• Formación como enfermeras domiciliarias para más de cien mil mujeres en seis mil grupos de autoayuda.

Enseñanza

Amrita Vishwa Vidyapeetham (Universidad Amrita)

• Cinco campus con Escuelas de Ingeniería, Medicina, Enfermería, Odontología, Farmacia, Negocios, Periodismo, *Ayurveda*, Educación, Biotecnología y Artes y Ciencias.

• Los Laboratorios de Investigación *Amrita* y otros departamentos de investigación están creando continuamente innovaciones en comunicación, enseñanza virtual, tecnologías de la enseñanza, informática y biotecnología.

• Treinta prestigiosas universidades de todo el mundo, como Stanford, MIT, NYU, EPFL de Suiza, VU de Ámsterdam, TU de Múnich, Roma Tre, ETH de Zúrich y la Universidad de Tokio colaboran con la Universidad *Amrita* para mejorar la enseñanza superior y la investigación en la India.

• El Instituto de Educación Popular imparte formación profesional y desarrollo comunitario.

• Las Naciones Unidas han elogiado el programa de alfabetización para poblaciones tribales.

Enseñanza primaria y secundaria

• Cuarenta y siete escuelas en toda la India con un enfoque educativo holístico y basado en valores.

• Una escuela para niños con problemas de audición y habla en *Kerala*.

Todo el esfuerzo de Amma consiste en crear un ciclo virtuoso, bloqueando así la posibilidad de ser arrastrados al remolino de un círculo vicioso, que extiende los gérmenes de la negatividad a todos como si se tratara de una enfermedad contagiosa.

Capítulo Cinco

Virtud, ecuanimidad y gracia

Tal como se ha explicado en el capítulo anterior, los economistas tienen su propia manera de describir los círculos virtuosos y viciosos. El liderazgo y el modo de gestionar de Amma producen un extraordinario círculo virtuoso basado en el amor que crea y moldea de forma constante seres humanos de buen corazón.

Cuando una cosa mala lleva a otra, lo llamamos un círculo vicioso. Pongamos el miedo como ejemplo. Cuando estamos en las garras del miedo, si no lo superamos, el mismo miedo producirá más miedo, que, con el tiempo, será cada vez más intenso. Así habremos entrado en un círculo vicioso. Con cada episodio de miedo, esa emoción penetra cada vez más profundamente en la mente. Cuanto más dejamos que el miedo nos controle, más profundamente se arraiga, hasta convertirse en un hábito que afecta a nuestras palabras, nuestra energía y nuestro comportamiento.

En un ciclo virtuoso como el que Amma despliega sucede lo contrario. Como el líder predica con el ejemplo, las personas se sienten enormemente inspiradas por su imparcialidad, su amor a la humanidad, su fuerza, su paciencia para escuchar, su intrepidez, etc. Cuando un poderoso ejemplo viviente como ese dirige una organización, todo el equipo se ve impulsado de forma natural a emular sus características positivas. Esa conexión y el ciclo que crea se convierten en un catalizador que permite a la organización alcanzar resultados asombrosos.

Me viene a la mente un ejemplo de la visión ecuánime y la actitud generosa de Amma: Cuando nuestra ONG concluyó las actividades de ayuda de emergencia y rehabilitación tras el tsunami, quisimos crear un documento que sirviera de referencia y para usarlo en el futuro, que recogiera todos los detalles en forma de libro. Cuando tuvimos preparado el ejemplar de prueba, se lo mostramos a Amma antes de enviarlo a la imprenta. Era un libro bastante grande lleno de fotografías y vívidas descripciones. Mientras iba dando *darshan*, Amma hojeó el libro y miró todas las fotografías de los distintos proyectos de ayuda de emergencia emprendidos tras el tsunami. Había fotos suyas trabajando con los voluntarios, de los monjes más antiguos, residentes, occidentales, personas jóvenes y mayores, todos ellos participando en las diversas tareas de *seva*. Incluso había una imagen de *Ram*, uno de los elefantes del *ashram*, transportando madera durante el trabajo de construcción de viviendas. Mientras miraba las imágenes, Amma exclamó de repente:

— ¿Dónde está *Lakshmi*?

Al principio no entendí lo que quería decir. Pensé que Amma se estaba refiriendo a *Lakshmi*, su asistente personal; pero Amma aclaró:

—No, ¡*Lakshmi*! ¡*Lakshmi*! ¡*Lakshmi*! No es justo que pongáis fotos de *Ram* y no de *Lakshmi*. Ella también ayudó tras el tsunami.

Amma se estaba refiriendo al otro elefante del *ashram*, llamado *Lakshmi*. Eso es auténtica imparcialidad, no solo con los seres humanos sino también con los animales.

El ejemplo de altruismo y generosidad de Amma atrae a brillantes científicos, médicos y profesionales de todo el mundo y los integra en la universidad o en las instituciones sanitarias, mientras ella gestiona cuidadosamente los recursos y las situaciones. Esa clase de liderazgo crea espontáneamente un círculo virtuoso.

Toda la vida de Amma, incluso todavía actualmente, está llena de pruebas y tribulaciones. Al principio eran su familia y los aldeanos. Aunque ahora la han aceptado completamente, desde que tenía nueve años, edad a la que dejó la escuela, hasta finales de los años ochenta, Amma tuvo que afrontar y superar innumerables obstáculos. Nadie de su familia o de su aldea tenía la menor comprensión del camino de amor y compasión que ella estaba recorriendo. Especialmente cuando era joven, los miembros de su familia estaban muy preocupados por su futuro; pero su fe y su compromiso con una vida de compasión y generosidad eran de una firmeza inquebrantable.

Amma ha formado una amplia red de círculos virtuosos que incluyen desde niños pequeños hasta adultos de todos los ámbitos sociales. De esa manera está iniciando un proceso de purificación y compromiso incluso en niños pequeños, creando un fenómeno mundial en el que niños vinculados a la organización de Amma destinan parte del dinero que reciben de sus familiares a sostener actividades benéficas.

Hace un par de años, cuando Amma estaba en Suiza, un chico de unos trece años se le acercó con un pequeño sobre en las manos. Se lo entregó a Amma y le dijo:

— Esto es para tus actividades benéficas.

Amma le preguntó:

—¿Qué hay dentro?

—Trescientos euros —respondió el chico.

—¿Cómo los has conseguido? —le preguntó Amma.

—Participé en un concurso de flauta y gané el primer premio. Este es el dinero del premio. Tú haces muchas cosas para ayudar a los pobres. Por favor, acéptalo.

Las palabras del muchacho estaban llenas de amor puro e inocencia. Amma insistió en que se quedara el dinero para su uso personal.

Pero la historia no acabó ahí.

La hermana pequeña del chico se sentía triste porque no podía dar nada para ayudar a los pobres; pero dos semanas más tarde fue su cumpleaños y Amma estaba en Múnich en ese momento. El abuelo de la niña le dio una pequeña cantidad de dinero como regalo de cumpleaños. Normalmente se lo gastaba en helados o chocolatinas; pero esta vez, después de recibir el dinero, la niña les dijo a sus padres:

—Yo ya como helados muchas veces. Esta vez quiero darle el dinero a mi Amma. Ella cuida de muchos niños como yo, ¿verdad?

Así es como Amma purifica el amor. Sucede por medio de la colaboración, la comprensión y una auténtica preocupación por los demás. El muchacho y su hermana todavía tenían un deseo: el de servir a niños menos afortunados que ellos.

Un ejemplo inspirador puede llegar, sin duda, a conmover todos los corazones. Un modelo de esa naturaleza traspasa idiomas, países, religiones y edades y ayuda a las personas a tener objetivos e intenciones cada vez más puros. Así es como Amma ayuda a las personas a que abran el corazón.

Al igual que en cualquier otra empresa, el camino de la virtud requiere una fe y una fortaleza inquebrantables. A medida que el tesón se vuelve más profundo, las cosas van cambiando poco a poco. Nuestras acciones, nuestros pensamientos y nuestra presencia obtienen aceptación y respeto naturalmente. Al mismo tiempo, una persona que siga este camino será un misterio, pues a las mentes calculadoras les resultará difícil entender la fuerza de la virtud, que, cuando entra en acción, se convierte en un modo de vida. Cuando entramos en el círculo de la virtud, florecen la fuerza y el potencial interiores. La virtud nos protege de todos los obstáculos porque nos conecta con la ley eterna del universo. Nos volvemos uno con esa corriente.

El círculo de la virtud también nos permite estar más centrados, independientemente de las circunstancias exteriores. Disfrutamos plenamente de nuestros éxitos exteriores, pero, si se produce un fracaso exterior, permanecemos centrados en la experiencia de nuestra virtud interior. Ese centramiento interior solo es un asunto de conciencia.

La mayor ventaja de entrar en el círculo virtuoso es que este bloquea completamente la innecesaria intromisión del ego. La creencia habitual de todo el mundo es que sin el ego no se puede conseguir nada; sin embargo, lo cierto es que el ego no es un auténtico amigo, sino un enemigo, un obstáculo que nos impide ver, escuchar, observar y juzgar las cosas correctamente. Es como una nube gigantesca que envuelve por completo todo el amplio cielo de nuestra mente, ocultando de ese modo la realidad. Al reducir la intervención del ego, nuestra claridad, brillantez, eficacia y competencia mentales dan un gran salto hacia adelante. Tener el ego bajo control de ese modo hace que tomemos decisiones más rápidas y precisas.

Cuanto más se reduce la interferencia del ego, mayor es el apoyo y la protección que recibimos del universo. Es como si un poder desconocido nos llevara a través de los distintos desafíos que nos presenta la vida. De hecho, llegados a ese punto, la ley de la gracia, la ley que gobierna el universo, se activa en nuestra vida diaria.

La ley de la gracia inicia un proceso de crecimiento vertical y horizontal. Adquirimos una facultad especial de convertir cualquier obstáculo en una bendición, en un peldaño más para ascender al siguiente nivel de victoria; sin embargo, ese cambio no significa que desaparezcan los problemas y que las situaciones experimenten una transformación radical. No esperemos que cambien las situaciones exteriores, sino que se produzca un indudable cambio en nuestro mundo interior.

La gracia es un «fenómeno desconocido» que viene de un lugar incomprensible para nosotros. Para finalizar con éxito un proyecto necesitamos ese aspecto llamado la gracia. Por ejemplo: podemos tener una idea, pero quizá no tengamos la gracia necesaria para hacer que se materialice. John F. Kennedy presentó el día 25 de mayo de 1961 su sueño de llevar a un ser humano a la Luna y devolverlo a salvo a la Tierra. Kennedy sabía que había una enorme competencia con otras naciones en el campo de la investigación espacial. Quería que Estados Unidos fuera el primer país en llevar a un ser humano a la Luna. Sin embargo, su sueño no se hizo realidad durante su mandato como presidente de los Estados Unidos. Sucedió en 1969, siendo presidente Richard Nixon.

John F. Kennedy era un presidente de los Estados Unidos más popular; sin embargo, hubo algo entre bambalinas, un poder invisible, que decidió que el mérito de enviar a un ser humano a la Luna y traerlo de vuelta a la Tierra correspondiera al presidente Richard Nixon. Hay otros muchos ejemplos como este en la historia de la humanidad. Esos casos siguen dándose y seguirán haciéndolo.

La Tierra, por medio de su fuerza gravitatoria, atrae todo y hace que caiga. Eso lo consideramos una ley universal. Nadie puede negar el hecho de que en la vida todo tiene una doble naturaleza: felicidad y dolor, éxito y fracaso, ganancia y pérdida, honor y deshonor, verano e invierno, lluvia y sol, etc. Del mismo modo, para equilibrar la ley exterior de la gravedad, que lo atrae todo hacia abajo, tiene que haber una ley interior que nos ayude a ascender y elevarnos por encima de todas las situaciones. Es la ley de la gracia. Amma dice: «Mientras el peso del ego tire de nosotros hacia abajo, el viento de la gracia no podrá llevarnos hacia arriba».

Mientras que el círculo vicioso está conectado con las emociones más bajas, el círculo virtuoso está conectado con un nivel superior de conciencia. Amma ayuda a las personas a cambiar su conciencia de lo inferior a lo superior, formando así una cadena circular mundial de personas virtuosas.

Capítulo sexto

Pequeñas correcciones, grandes cambios

Hay una hermosa frase de Aristóteles: «Cualquiera puede enfadarse, eso es muy fácil; pero lo que no resulta fácil ni está al alcance de todos es enfadarse con la persona adecuada, en su justa medida, en el momento oportuno, con el fin correcto y del modo adecuado».

En una sociedad centrada en el dinero y orientada a los resultados, cuyo sello distintivo es el ansia intensa y el deseo inagotable, se comprende que la gente no se tome a Aristóteles en serio. Aun así, ninguna persona inteligente y reflexiva puede negar la profundidad filosófica, la perspicacia y la preciosa verdad espiritual que encierran esas palabras. Cualquiera que sea capaz de asimilar su significado y llevarlas a la práctica experimentará un maravilloso cambio en su vida.

En muchos países y culturas, los sistemas teóricos y prácticos de gestión están experimentando un cambio. Ya es hora de que se produzca esa transformación, o de lo contrario los miembros del mundo de la empresa sobrecargados física, emocional e intelectualmente sufrirán un ataque de nervios. Muchas personas del mundo de los negocios se quejan de que su vida se ha vuelto mecánica y monótona, de que la espontaneidad ha desaparecido, de que no encuentran en ella ni alegría ni diversión.

Tal como lo veo, el meollo de la frase de Aristóteles se puede resumir en tres palabras: conciencia, actitud de testigo y escucha.

Las dos últimas —la actitud de testigo y la escucha— dependen del nivel de conciencia. No estoy proponiendo que los lectores deban practicar de modo extremo estas cualidades. Basta una pequeña cantidad de práctica para conseguir inmensos beneficios. Hay una estrofa de la *Bhagavad Gita* en la que *Krishna* le dice a *Arjuna*:

> *Svalpam apyasya dharmasya trayate mahato bhayat...*

«Una pequeña práctica de las verdades espirituales puede ayudarte a superar el mayor de los miedos».

Acumulamos y tratamos de asimilar una gran cantidad de información de autoayuda procedente de sitios web, blogs, periódicos digitales, libros, revistas y otras fuentes. ¿De qué nos sirve toda esa información si no nos proporciona un sustrato sólido en el que podamos asentarnos más firmemente para afrontar los desafíos de la vida con fuerza interior, comprensión y profundidad?

No solo acumulamos información. Hay personas que coleccionan todo lo que encuentran. Se trata de un hábito de acaparamiento profundamente arraigado. Pueden recoger partes viejas y desechadas de una moto en un vertedero. Todo les sirve: un manillar, un asiento, una rueda rota, un pedal, un faro inservible, otro manillar de otra moto fabricada por una empresa diferente. Se dedican a recoger todos esos desechos y a llenar con ellos su única habitación. Si se les preguntara: «¿Por qué recoges toda esta basura?», contestarían: «Un día voy a juntar todas estas piezas y me voy a hacer una moto». Lo cierto es que eso no sucede nunca y mueren sin haber levantado «el castillo que han estado construyendo en el aire».

Lo que quiero decir es que la mera recopilación de información sin llevarla a la práctica solo sirve para aumentar la carga, consumiendo nuestra capacidad mental y bloqueando nuestra claridad de visión y de pensamiento.

Las palabras de Aristóteles iluminan un camino claro hacia el éxito, el reconocimiento y el poder. Recordemos su consejo: «Enfadarse con la persona adecuada, en su justa medida, en el momento oportuno, con el fin correcto y del modo adecuado». ¿No deberían todos los líderes, gerentes y directivos esforzarse por desarrollar esa capacidad?

No obstante, hay que ser conscientes de que ese consejo exige adoptar una actitud de testigo, es decir, la capacidad de desapegarse de lo que tenemos entre manos y mirarlo desde la perspectiva de un observador. Cuando aprendemos esta valiosa capacidad, vemos muchos aspectos importantes del mundo que nos rodea en los que no habíamos reparado. Es como levantar la tapa de un cofre que guarda un tesoro escondido o abrir un regalo de valor incalculable. En las escrituras hinduistas, esa actitud de testigo se denomina *sakshi bhava*. Es casi como elevarse conscientemente a un plano astral durante un rato. Básicamente consiste en elevarse a un nivel de conciencia desde el que se obtiene una mejor visión de todo lo que se hace y de todo lo que sucede a nuestro alrededor.

Con respecto a la escucha, no se trata solo de oír lo que los demás dicen, sino también de escuchar nuestra propia conciencia. La conciencia nunca miente. Por eso, escucharla ayuda siempre a tomar mejores decisiones.

Las escrituras hinduistas dicen: «Escucha, reflexiona y practica». El primer paso es la escucha exterior. Si estás leyendo un libro o escuchando una conferencia, ni siquiera tomes notas. Limítate a escuchar, a beber cada palabra. El segundo paso, la reflexión, consiste en la escucha interior. Utiliza tu facultad de razonar para investigar con profundidad sobre lo que has oído. Esa disciplina lleva a una experiencia genuina de la materia estudiada seguida de una verdadera interiorización de la misma. Si recorremos sinceramente ese camino se abrirá el sexto sentido, la mente intuitiva. Un buscador de la verdad puede ir más allá y fundirse en un estado de pura dicha.

Albert Einstein dijo: «La mente intuitiva es un regalo sagrado y la mente racional es un sirviente fiel. Hemos creado una sociedad que honra al sirviente y que ha olvidado el regalo». Como nuestro nivel de conciencia es bajo, seguimos identificados con el mundo objetivo, olvidando por completo el mundo subjetivo. Por eso, cuando algo va mal fuera, nuestra mente también «va mal». Cuando el mercado de valores se derrumba, nos derrumbamos. Cuando algo fracasa, también se produce un fracaso interior. Eso afecta a nuestra vida y a todo nuestro proceso de pensamiento. Estamos demasiado cerca, demasiado identificados con el problema, y no somos capaces de tener una visión de conjunto. De esa manera perdemos la claridad mental y el discernimiento.

Si queremos obtener una visión bien definida de la situación, tenemos que salirnos del problema y verlo de lejos. A modo de ejemplo, poned las palmas de las manos cerca de los ojos y tratad de ver las líneas. No veréis ninguna con claridad. Ahora alejadlas cuarenta centímetros: las veréis todas claramente. Lo mismo sucede con las personas y las situaciones. Igual que adaptamos la posición de nuestras manos para ver todas sus líneas y marcas, hay que hacer determinados ajustes mentales para captar todos los detalles y obtener una visión más profunda del asunto que se trate. Por otro lado, cuando estamos demasiado identificados con nuestras ideas y estrategias perdemos toda perspectiva. El desapego nos ayuda a afrontar con eficacia y a manejar inteligentemente los distintos retos que nos trae la vida.

Amma pone este ejemplo: «Suponed que fallece un pariente cercano de vuestro vecino. Iremos allí, consolaremos a la familia e incluso haremos alguna cita de las escrituras diciendo que "la muerte es inevitable". Como somos testigos de esta situación, no nos identificamos con el problema y, por eso, somos capaces de mantener la distancia respecto a él. Pero si muere alguien de nuestra familia más próxima, somos incapaces de practicar lo que predicamos, pues estamos demasiado cerca del problema, nos identificamos con él y perdemos nuestro centro emocional. Debemos encontrar el modo de mantenernos equilibrados y desapegados». No podemos cambiar las situaciones, cambiar a otras personas, controlar el futuro u obtener plena satisfacción y seguridad a partir de algo exterior. La única opción viable es aprender a utilizar el mundo interior para elevarnos por encima de la situación y verla desde un nivel superior de conciencia. Esa es la esencia de las enseñanzas de la *Bhagavad Gita*. Me pregunto si sería eso a lo que Peter Drucker se refería cuando dijo: «No se puede gestionar el cambio; solo se puede ir por delante de él». Veamos el ejemplo de un estudiante de secundaria indio que aspira a ser médico. Tendrá una gran presión para cumplir las expectativas de sus padres. Los exámenes de duodécimo grado determinan todo su futuro. En función de sus calificaciones, podrá ingresar en una facultad de medicina, una escuela de ingeniería, de negocios o tal vez otro camino profesional que no implique ir a la universidad. Todos están tan centrados en el objetivo de hacer bien el examen que la decepción es inevitable. Aunque la preparación del examen está bajo el control del estudiante, el resultado no lo está. Sin embargo, todos los estudiantes indios que se presentan a ese examen y todos los padres del país se ven sometidos a una tremenda presión durante ese período. Es un verdadero sufrimiento.

En lugar de sentirse presionados por el miedo, la ansiedad y el estrés de la preocupación por los resultados del examen, ¿no sería más sensato centrarse en lo que es controlable en lugar de en lo que no lo es? La acción está en el presente. Debemos poner toda nuestra atención en esa acción, ya que es lo único que tenemos bajo control. El futuro está más allá de nuestro poder, es una verdad muy sencilla.

Cuando el padre ayuda al hijo a comprender esto, ¿no le está quitando así la pesada carga de la tensión? ¿No ayuda eso tanto al padre como al hijo a canalizar más energía hacia la tarea que tienen entre manos con el objetivo de aprender más y estudiar mejor? Cuando el padre y el hijo no están apegados a los resultados y aceptan el carácter impredecible del futuro, las cosas simplemente fluyen. Cuando te involucres en una acción, si es posible olvida los resultados. Eso te quitará la carga de los hombros y te mantendrá relajado y concentrado.

Sea lo que sea a lo que te dediques o lo que estés tratando de conseguir, resulta beneficioso practicar la actitud de testigo (el arte del no apego). Así mejorará la productividad de tu empresa y tu capacidad de gestión. Anima a tus empleados a practicar también ellos esta técnica. G. K. Chesterton dijo: «Los ángeles vuelan porque se toman a sí mismos a la ligera». Para llegar a ser más ligero y elevarte hacia nuevas alturas, reduce el peso del ego, la carga del apego innecesario.

Vamos a reflexionar sobre una situación en la que pueda haber un conflicto. Aprendí de Amma el valor de «observar como un testigo» el mundo que me rodeaba ya hace años. Ahora comprendo que somos parte del público que observa el increíble y complejo drama de la vida humana. En ocasiones, podemos subir al escenario, pero por lo general nuestro papel es el de permanecer en nuestro asiento y observar lo que sucede. Cuando adoptamos esta visión aérea, somos capaces de ver todos los puntos de vista, de tener en cuenta todas las perspectivas, de pensar realmente de forma global.

Una vez le oí decir a Amma: «Si se quiere salvar a una persona que se está ahogando, hay que mantener una distancia segura mientras se la saca del agua tirándola del cabello. De lo contrario, la persona que se está ahogando hundirá también a la que trata de salvarla y las dos se ahogarán».

Cuando nos desapegamos de los resultados, aumenta la probabilidad de alcanzar la meta. Del mismo modo, desarrollar un cierto grado de desapego mientras cumplimos nuestros deberes en el mundo nos ayuda a mantenernos alerta y conscientes en todas las circunstancias. Citando a Amma: «Un pájaro posado en una rama seca puede cantar, comer e incluso dormir, pero está listo para echar a volar en cualquier momento. Ante la más ligera brisa, sus alas batirán preparándose para volar, porque sabe que la rama seca puede quebrarse en cualquier instante».

Creo que una historia sobre la actitud de testigo puede ayudar a entenderla. Un director de cine francés, Jan Kounen, hizo un documental sobre Amma titulado «*Darshan*: el abrazo». La película se presentó oficialmente en el Festival de Cine de Cannes de 2004. La proyección en Cannes fue el 18 de mayo. Los organizadores tenían muchas ganas de que Amma estuviera presente, pero ella no quería cancelar los programas que tenía previstos, así que amablemente declinó la invitación. En su lugar, Amma me pidió que la representara y fuera a Cannes como emisario suyo.

Durante mi estancia allí tuve que hablar y relacionarme con muchas personas de la industria del espectáculo. Mientras me relacionaba con mis nuevos amigos del mundo del cine y asistía a varias fiestas, dos de ellas en yates de lujo y otras en hoteles de cinco estrellas, mantenía mi perspectiva de testigo.

Cuando volví, muchas personas tenían curiosidad y me preguntaban: «Venga, dinos qué se sentía al caminar por la alfombra roja y estar allí». Desde luego, como *sannyasi* (monje) que era pensaban que me resultaría extraño estar allí, pero les dije: «Solo era un mensajero. Estuve allí y participé. Era una responsabilidad que me había confiado Amma, mi jefa, y tenía que llevarla a cabo con toda seriedad y amor. Así que lo hice. Pero como era consciente de mi papel de "emisario", pude permanecer como espectador todo el tiempo que estuve allí».

Cuando se te pide que desempeñes tu papel, tienes que hacerlo lo mejor posible, pero sin identificarte con el personaje. También tuve que dar un breve discurso de tres minutos sobre Amma y sus actividades humanitarias ante una gran audiencia que no había oído hablar de ella anteriormente. Y no tenía ni idea sobre las posibles inclinaciones espirituales de aquellas personas.

Tal vez esa fue la primera vez en la historia del Festival de Cine de Cannes que un monje hindú se presentaba allí para la proyección de una película y en representación de «la heroína». Había personas de todas las partes del mundo. La mayoría eran de la industria cinematográfica, aficionados a las películas o habían ido para ver a las estrellas. Me encontraba en una situación difícil. Pensaba: «¿Cómo puedo presentar a Amma de la manera adecuada? Hablar del amor a Dios, de la entrega, etc. no viene a cuento. ¿Qué puedo hacer para conectar con el público?».

Mi mayor temor era que cuando el público viera a un monje vestido de naranja representando a «la heroína», adoptara una actitud crítica y permaneciera cerrado a toda la película. Ciertamente, eso podría haber ocurrido si no hubiera tenido cuidado. Cerré los ojos unos instantes en actitud contemplativa. De repente se me ocurrió algo. Recordé que durante mis años escolares y universitarios, siempre había querido llegar a ser actor y músico.

A decir verdad, esas eran las prioridades de mi vida. Me quedé de pie ante la sala repleta de público y dije:

—Queridos hermanos y hermanas: hace veintiséis años, antes de ser monje, la meta de mi vida era llegar a ser actor; pero sucedió algo que me llevó hasta mi maestra *Sri Mata Amritanandamayi Devi* o Amma, como se la conoce en todo el mundo.

En cuanto pronuncié esas palabras se estableció la conexión. La muchedumbre se rió y aplaudió. Eso me dio confianza y seguí:

—Es para mí un gran placer estar aquí ante ustedes, ante mentes tan creativas, y estar representando a Amma. Amigos, a través de su arte ustedes tienen la capacidad de influir enormemente y hacer cambiar a personas de todo el mundo. Amma también transforma la vida de las personas mediante sus sencillos, pero profundos, actos de amor y compasión.

En esa intervención no necesitaba recurrir al pensamiento lógico o analítico. Lo que me ayudó fue la contemplación, el desapego y el papel de emisario que desempeñaba.

La proyección fue bien. Teníamos la sala llena y creo que a la gente le gustó la película. Ser actor había sido el sueño de mi vida antes de conocer a Amma. Pero, de todos modos, no me sentí eufórico por la respuesta del público ni lamenté que mi camino en la vida no hubiera sido la interpretación. Creo que el camino que acabé escogiendo, o que me fue concedido, es superior a cualquier otro. Sin embargo, ahí había un deseo largamente acariciado que se hizo realidad por un breve espacio de tiempo. Participar en el Festival de Cine de Cannes es un gran honor, un momento memorable para cualquier persona que pertenezca a la industria del cine. Es uno de sus sueños. Si la transformación que me llevó a mi camino actual no se hubiera producido, me hubiera sentido enormemente emocionado y habría pensado que se trataba de una ocasión trascendental en mi vida, e incluso me hubiera dejado llevar por el entusiasmo. Sin embargo, algo cambió dentro de mí. Mi mundo interior cambió y ahora sólo era un mensajero con una determinada misión que cumplir.

Los estados emocionales extremos ponen en riesgo nuestro éxito. Por eso, es importante mantener una distancia mental. La capacidad de hacerme a un lado y observar las nuevas experiencias es lo que me ayudó a participar en las fiestas y en el festival con una actitud calmada, serena y relajada que me permitió responder adecuadamente. Sobre todo, a pesar de que estaba rodeado de personas cuyos temas de conversación no guardaban relación alguna con mi vida actual, fui capaz de hacerlo bien utilizando al máximo mi potencial interior.

Tal vez la experiencia estuvo planificada por el poder que hay más allá con el fin de agotar cualquier residuo kármico profundamente arraigado en mi interior, de manera que el viaje que tenía por delante tuviera menos obstáculos. Lo más importante es que el cambio de percepción me facilitó el ver la situación desde un punto de vista positivo, y el resultado fue el éxito.

La actitud de mensajero nos da la capacidad interior de ver las cosas desde una distancia segura, lo que a su vez nos permite obtener una mejor comprensión de la situación. Esa actitud mejora la precisión y la visión y, en consecuencia, aumenta nuestro rendimiento. A medida que esta capacidad interior alcanza mayores profundidades, adquirimos una nueva fuerza para superar las emociones más bajas. Nos volvemos los amos y la mente y las emociones se convierten en nuestros sirvientes. Las circunstancias exteriores tentadoras dejan de influirnos. Como líderes logramos más vitalidad, estabilidad y claridad de visión. La capacidad de adaptarse y amoldarse a toda clase de situaciones y experiencias aumenta enormemente. Del mismo modo, cuando permanecemos imperturbables frente a cualquier obstáculo, mejora el pensamiento, la toma de decisiones y su ejecución. Esta postura de testigo aumenta automáticamente nuestro éxito.

Hay que hacer especial mención de la tremenda capacidad interior de Amma para ver y evaluar imparcialmente cualquier situación con una actitud de desapego. La mayor parte de las personas piensan que el desapego no es saludable. Los que llevan una vida normal piensan que el apego es lo que hace disfrutar de la vida, a pesar de que rara vez dé la felicidad. Por el contrario, lo que hace que la personalidad de Amma sea tan poderosa, atractiva e inspiradora es su capacidad interior de cambiar de papel en un instante y lo rápido y fácilmente que pasa de un papel a otro. En ese proceso de cambio de roles, Amma se olvida por completo del momento anterior y del papel que había asumido poco antes y se centra por entero en el que tiene ahora. Nada afecta a su naturaleza calmada y serena mientras se relaciona con los miembros de su equipo y les da instrucciones. En ninguna circunstancia veremos a Amma adoptando una actitud crítica ante una persona o una situación. Aunque se la vea mostrarse estricta, esa emoción o estado de ánimo específico no afecta a su ser interior, y se desprende de él con absoluta facilidad y destreza. Toma decisiones con rapidez y, cuando llega el momento de ejecutarlas, las desarrolla de una manera absolutamente meticulosa.

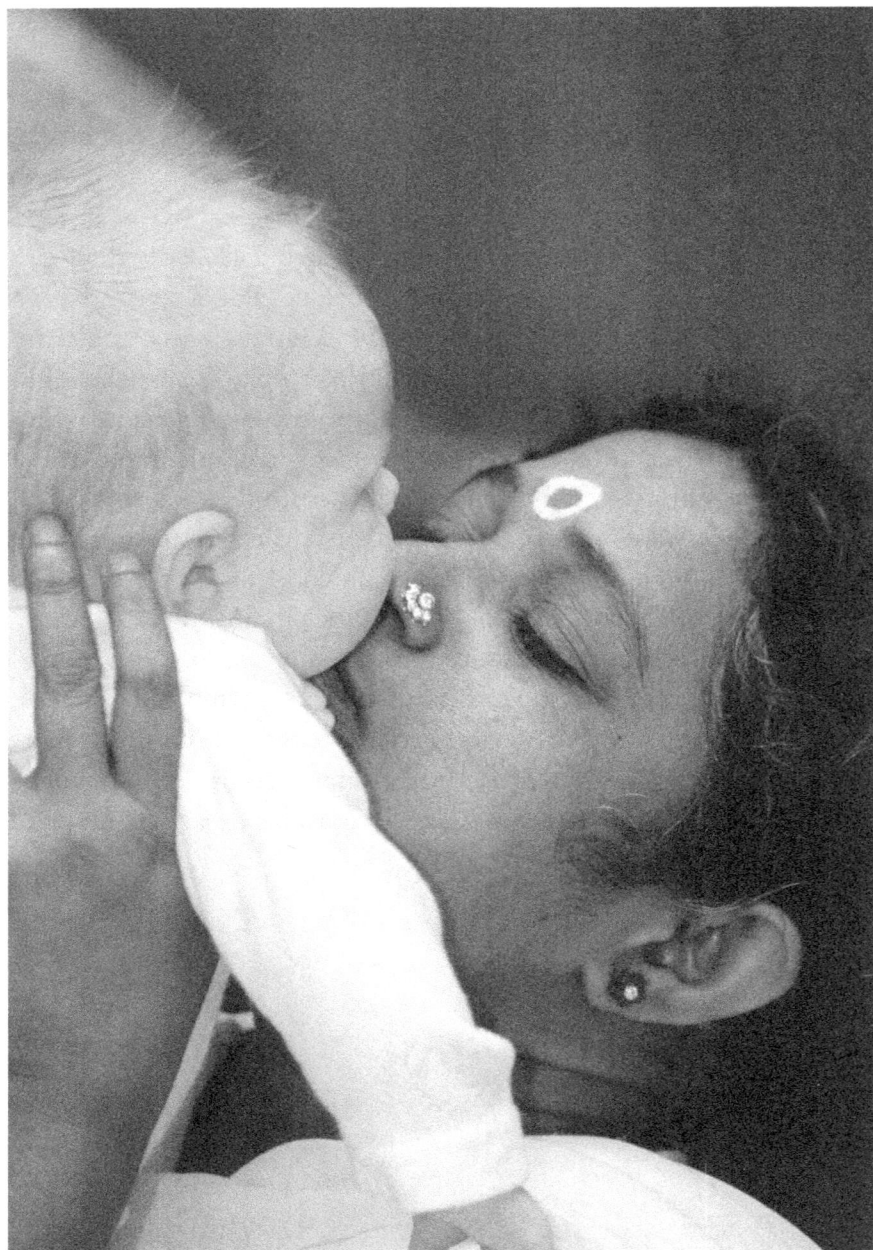

Capítulo siete

Aguja y tijeras

En un artículo que apareció en «Mail Online», Amanda Williams escribe: «Los científicos dicen que los grandes líderes nacen, no se hacen. Simplemente, sus cerebros tienen conexiones diferentes».

El artículo sigue: «La investigación de un destacado científico militar afirma haber puesto fin al debate sobre si lo que crea la grandeza es lo innato o lo adquirido, tras descubrir que las personas más eficientes son realmente una raza aparte cuyos cerebros poseen conexiones diferentes de las de la mayoría. El descubrimiento podría revolucionar el modo en que las organizaciones evalúan y forman a sus líderes, utilizando escáneres cerebrales para identificar en una fase inicial a los que poseen el "gen del liderazgo" y formarlos en consecuencia. Parece que los más exitosos tienen más materia gris en las zonas que controlan la toma de decisiones y la memoria, lo que les concede una ventaja vital a la hora de adoptar la decisión correcta. De hecho, algunas personas son líderes innatos. Estas personas, situadas en lo alto de la curva de la campana del liderazgo, comienzan muy bien y tienden a mejorar aún más a medida que avanzan. Después están las personas situadas en la parte inferior de la curva: son el 10-15% que, por mucho que lo intenten, nunca van a ser buenos líderes. Sencillamente no tienen las conexiones innatas. Luego está el gran centro de la curva, donde nos situamos la gran mayoría de nosotros. Y ahí es donde se encuentra el verdadero potencial de líderes "hechos". Eso es lo que la mayoría de mis entrevistadores suponen que no es verdad, cuando lo cierto es que la mayoría de las personas que empiezan con una pequeña capacidad innata de liderazgo pueden llegar a ser líderes muy buenos, incluso grandes líderes».

A modo de explicación, la campana de Gauss —una curva con una clara forma acampanada— se refiere a la «distribución de Gauss» o distribución normal. Comparada con las partes superior e inferior, la curva de la campana es más evidente y amplia en el centro, lo que le da esa forma de campana. Se dice que los cursos profesionales «se califican según la campana», es decir, que los estudiantes con calificaciones excelentes son tan solo un pequeño porcentaje y se sitúan en la parte superior de la curva. Los que obtienen buenas calificaciones los siguen en la curva, mostrando un ligero aumento en su porcentaje. El mayor número, con calificaciones medianas, se sitúa en la zona media de la curva de la campana. Lamentablemente, un cierto porcentaje se ve abocado al fracaso. Ocupan la parte inferior de la campana y sacan un suspenso. Cuando se ilustra con la ayuda de una gráfica, toda esta estructura adquiere una forma bien definida de campana.

Al discutir la eficacia de los líderes natos frente a los que se hacen a sí mismos, sería injusto olvidar una tercera categoría conocida como líderes divinos. Aún después de miles de años, esta infrecuente y extraordinaria clase de líderes son recordados, admirados y adorados por millones de personas de todo el mundo. El prestigio de este grupo de líderes desborda toda comprensión por la enorme fuerza, influencia e impresión que han dejado en el corazón de la humanidad. Solo podemos maravillarnos viendo su presencia inspiradora y transformadora, su indescriptible obra su amor y compasión incondicionales por toda la humanidad y las demás formas de vida, así como la fuerza de sus palabras y el magnetismo de su ser. Se los aprecia y se los recuerda como héroes y heroínas, como modelos perfectos en todos los aspectos de la vida.

La enorme cantidad de seguidores y admiradores que tienen estos líderes divinos carece de paralelo. Ningún líder político, celebridad o ser humano famoso del pasado, el presente o el futuro tiene tal cantidad de seguidores.

Amma dice: «El intelecto o la lógica es como unas tijeras, y el corazón como una aguja. El intelecto lo corta todo en trozos, y el corazón lo vuelve a coser. No basta con cortar un tejido a medida; también hay que coser las piezas unas con otras para hacer una prenda con ellas y poder ponérnosla. De hecho, necesitamos tanto el intelecto como el corazón: el intelecto para pensar y el corazón para dar cohesión a los pensamientos. Juntos defienden y protegen nuestra vida. De lo contrario, nuestra vida se quedará hecha pedazos, útiles pero también perjudiciales».

Como somos predominantemente lógicos y analíticos, nos cuesta entender a una líder de la categoría de Amma. Olvidamos la verdad de que la naturaleza de la propia vida no es lógica.

Parece que nuestro mundo está en las garras del «síndrome del ciempiés». El siguiente poemita describe bellamente el estado de la humanidad:

Había un ciempiés muy feliz
hasta que un sapo se burló de él
diciéndole: «¿Qué pierna mueves después de la otra?».
Esto le hizo dudar tanto
que cayó exhausto en un agujero
sin saber cómo correr.

El autor de esta versión del poema es anónimo. No obstante hay una versión similar en las «Fábulas» de Esopo, en la que el sapo es reemplazado por un conejo. Refiriéndose a este poema, el psicólogo inglés George Humphrey (1889-1966) dijo: «Es un poema sumamente psicológico. Contiene una profunda verdad que se encuentra a diario en la vida de todos».

Seas lo que seas, hagas lo que hagas, es absurdo apoyarse únicamente en el intelecto y la lógica para desarrollar la vida. La lógica tiene su lugar, al igual que lo desconocido. Una persona intelectual con una fuerte tendencia a analizarlo todo lógicamente no será capaz de ayudar a alguien que se encuentre en una situación tan trágica como la del ciempiés. Una reflexión más profunda sobre el poema revela que los seres humanos nos enfrentamos a un dilema similar. La única diferencia es que no necesitamos que otra persona nos haga la pregunta. Nuestra propia mente ofrece las preguntas y respuestas, generando un monólogo por sí sola. El problema es que la mayor parte de las veces la mente no sabe las preguntas correctas que tiene que hacer, por lo que las respuestas serán por fuerza equivocadas, haciendo descarrilar así nuestro avance.

Es indudable que necesitamos reglas para organizar la vida de una forma ordenada y controlar las actividades diarias. También hay que entender que la vida misma no es completamente cuestión de cálculo y matemáticas. La mente tiene dos compartimentos: uno mecánico y otro natural. En otras palabras, una parte actúa como una máquina y la otra es espontánea. Por tanto, tenemos que dar la misma importancia a la lógica y al aspecto misterioso de la vida. De lo contrario, externamente todo parecerá metódico, pero interiormente habrá un desequilibrio.

Cuando se hace algo repetidamente, se convierte de forma natural en una rutina y la ejecución de la acción está rodeada de falta de conciencia. Se convierte en mecánica. De hecho, a la mayor parte de las personas les gusta hacer las cosas mecánicamente porque aligera en cierta medida la carga de pensar. Las tareas rutinarias como cepillarse los dientes, ducharse, comer, la mayor parte de nuestra habla y nuestra supuesta escucha, son mecánicas. Tal vez se requiera la parte mecánica de la mente para realizar determinadas tareas, pero no hay que permitir que esa parte de la mente nos domine. Como dice Amma: «En el mundo actual, al individuo no se le da la importancia que debería tener. Solo se valoran sus habilidades. Los seres humanos son degradados hasta el nivel de meras máquinas». Por el contrario, la parte espontánea de la mente es energía pura y cristalina. Se encuentra más cerca del todo. Cuando establecemos una conexión con esa parte de la mente, actúa como «salvadora» en muchas situaciones difíciles de la vida, no solo en el ámbito personal y familiar sino también en el ámbito profesional.

Desde la familia hasta el puesto de trabajo, uno de los rasgos más importantes que un líder debe tener es la capacidad de ver lo que hay bajo la superficie en cualquier situación. En otras palabras, hay que adquirir un talento especial y, con conciencia, pasar de la parte mecánica a la espontánea de la mente siempre que sea oportuno. La diferencia de sistema operativo entre lo mecánico y lo espontáneo es como la que hay entre forzar la apertura de una flor o dejar que lo haga de forma natural. Amma dice: «Cuando intentamos abrir a la fuerza un capullo, echamos a perder su belleza y su fragancia. Destruimos la flor. Por el contrario, si dejamos que florezca naturalmente, se nos revelarán plenamente su belleza y su fragancia».

El desarrollo de la vida solo se produce cuando se combinan los aspectos lógico y misterioso en la misma proporción. El problema es cuando nos quedamos atascados en la cabeza olvidándonos de volver al corazón. Seamos hábiles en el uso tanto de la cabeza como del corazón, porque son como las piernas. Hay que darles la misma importancia y utilizarlas sin inclinarnos demasiado hacia uno de los lados. Si pensamos: «La pierna derecha es más importante que la izquierda», o viceversa, nos quedaremos cojos. Cuando quieras aplicar la lógica hazlo plenamente, y cuando quieras estar en el corazón mantente por completo allí. Eso es vivir momento a momento, vivir en el presente.

Vivimos en un mundo en el que la gente teme sonreír o incluso decir una palabra afectuosa a los demás porque la mente lo equipara todo al dinero. La idea es que, si presto atención a su problema, si le sonrío o le digo una palabra de consuelo, esa persona acabará pidiendo ayuda económica.

Hay personas que ayudan a los demás cuando se les pide, pero la mayor parte no lo hacen espontáneamente. Un verdadero líder es el que se acerca a las personas necesitadas sin vacilación y sin preguntarse por la lógica de ese plan, sino con el corazón lleno de amor y compasión.

El siguiente ejemplo muestra cómo Amma utiliza el corazón más que la lógica. Sucedió en 1989. Llevábamos mucho tiempo acariciando la idea de construir la primera sala de oración en los terrenos de su centro espiritual, y ese sueño estaba a punto de hacerse realidad.

Los administradores de un orfanato situado en *Kollam* (*Kerala*) luchaban desde hacía años por mantener a los niños que se les había confiado, pero habían llegado a una situación límite. Se les habían acabado las fuentes de financiación y se enfrentaban al hecho inminente de tener que abandonar a los huérfanos y a otros niños sin recursos y dejarlos en la calle. Cuando se disponían a hacerlo alguien sugirió que probaran una última medida antes de llegar a ese extremo. Algunas personas les dijeron que fueran a ver a Amma y le explicaran sus apuros.

Y así fue como se presentaron ante Amma y le contaron la grave situación en la que se encontraban. Nada más oírlos, Amma dio instrucciones para que los fondos que habían sido donados para la construcción del primer templo —de hecho, el primer edificio propiamente dicho— de su centro espiritual se desviaran para asumir el cuidado del orfanato. Al hacerlo así, ponía los cimientos de otra clase de templo: un templo de compasión.

Amma podía haber pensado fácilmente que un templo era más importante que hacerse cargo de un orfanato con enormes problemas económicos. Además, muchas personas de la India están muy apegadas a los templos, de modo que, si donan una cantidad para construir un templo o una sala de oración, quieren ver que se utiliza exclusivamente para ese fin. Si Amma hubiera tomado una decisión lógica y calculadora, podría haber justificado la necesidad del templo diciendo que era un proyecto que se esperaba desde hacía mucho tiempo y que los fondos se habían donado para ese fin. En lugar de eso, tomó una decisión sentida y espontánea, trasvasando el dinero de la construcción del templo al orfanato.

Actualmente ese orfanato sigue en pie, pero resulta irreconocible en relación con lo que había antes de que Amma asumiera la responsabilidad de los niños, los edificios y el terreno. Cuando llegaron los voluntarios de Amma, los niños se encontraban en un estado extremo de abandono y desnutrición y los edificios estaban en un estado deplorable debido a la desesperada situación económica por la que atravesaba la anterior administración. Había incluso historias sobre niños que realizaban malas acciones como robar o que eran utilizados por individuos antisociales exteriores para satisfacer sus fines egoístas.

En cambio, ahora los niños pueden estudiar y jugar en un entorno seguro. Esta institución es ahora una de las escuelas más reconocidas porque los niños no solo sobresalen académicamente, sino también en música, deportes y danza. En las competiciones culturales estatales y locales obtienen a menudo los primeros premios.

La organización de Amma también se asegura de que los niños adquieran una sólida cultura del corazón mientras estudian allí. Además, más del 35% de ellos realizan estudios superiores, cuyo coste financia íntegramente nuestra ONG.

Booker T. Washington dice: «El éxito en la vida se basa en la atención a las pequeñas cosas más que a las grandes, a las cosas cotidianas y cercanas más que a las distantes o fuera de lo común».

Hay una bella historia sobre Rudyard Kipling, el famoso escritor, poeta y narrador británico. En cierta ocasión compró una granja que estaba en una colina. Él y su esposa solían pasar allí las vacaciones para alejarse de su ajetreada vida en la ciudad. Una mañana, cuando la pareja salía a dar un paseo, se encontraron con una mujer muy anciana, encorvada por la edad, que caminaba ayudándose de un bastón. Disfrutaba felizmente del aire fresco y del sol de la mañana. Cuando vio a Kipling y a su esposa, la anciana preguntó:

—¿Son ustedes los que han comprado la casa de la colina?

—Sí, señora —dijo Kipling quitándose cortésmente el sombrero.

—¿Están ahora alojados ahí? —preguntó la anciana con voz temblorosa.

—Sí, abuela —respondió en esta ocasión la señora Kipling.

—Entonces debe de ser suya esa ventana que está tan iluminada por la noche —dijo la anciana.

—¡Oh, sí!

—¡Gracias, muchas gracias! —exclamó la anciana— No saben, no se pueden imaginar el consuelo que me dan esas ventanas iluminadas. Ya ven, soy vieja y estoy sola, y las ventanas iluminadas me hacen sentir alegre y feliz.

—¡Cómo me alegro! —respondió el señor Kipling cálidamente— Usted hace que nos sintamos queridos y acogidos en el vecindario.

—Espero que se queden allí mucho tiempo y que vengan a menudo —respondió la anciana con preocupación.

—Nosotros también lo esperamos, señora —dijo Kipling.

—Bien, bien —dijo alegremente la anciana—. Dejen esas luces encendidas. Significan mucho para mí.

—Se lo prometemos —dijo el distinguido escritor.

Un par de días más tarde, cuando la cariñosa pareja se fue de la granja tras sus breves vacaciones, le pidieron al guarda que todas las noches descorriera las cortinas de las ventanas y dejara las luces encendidas durante toda la noche.

Amma dice: «Los pequeños actos de amor, una palabra amable, un pequeño gesto de compasión, todo eso produce un cambio en vosotros y en los demás». Así que hay que empezar por pequeños actos de amor y bondad.

Chanakya, profesor de ciencias políticas y económicas en la antigua universidad de *Takshashila* y autor del tratado político indio titulado *Arthasastra* («Economía»), dice: «La fragancia de las flores se extiende solo en la dirección del viento, pero la bondad de una persona se extiende en todas las direcciones».

Capítulo ocho

Fluir como un río

C uando alguien le pregunta a Amma si el gran número de personas que hay siempre a su alrededor son seguidores o discípulos, su respuesta es: «Aquí solo hay una madre y sus hijos, ni *guru* ni discípulo». La relación entre madre e hijo es el único amor recíproco. Es como un círculo. Fluye y se relaciona sin interrupción.

Este vínculo personal que Amma crea en el corazón de las personas es uno de los secretos de su éxito. En las relaciones humanas, el vínculo entre la madre y el hijo es el más cercano, el más fuerte. El amor, la libertad, la humildad y la unidad que sentimos en presencia de nuestra madre crean la relación más espontánea y natural que podamos imaginar.

Amma se compara a menudo con un río que fluye. Dice: «Soy como un río. Unos se bañan en él. Otros lavan sus ropas. Hay quien lo adora. También hay personas que escupen en él. Pero el río acepta a todo el mundo, no rechaza a nadie. Sigue fluyendo».

Imaginemos que expresamos nuestra valoración positiva de los servicios ofrecidos por una niñera o una empleada de hogar. Ella los aceptará con agradecimiento. Por el contrario, si es nuestra madre y ella realmente valora la grandeza de la maternidad como un don precioso de Dios, nos dirá: «No he hecho bastante por mi hijo. Todavía puedo hacer muchas más cosas por él». El corazón de una madre ansía hacer más y más por su hijo. En cambio, si se envanece del amor y la atención que le ha dado y habla del sacrificio que ha tenido que hacer mientras lo criaba, su actitud equivale a la de una empleada de hogar o a la de una niñera con expectativas. En otras palabras: todo el cuidado y la atención tienen un precio, mientras que una madre no tiene expectativas, porque siempre piensa cuánto más puede hacer por sus hijos.

Amma cuenta la historia de una niña que ingresó en un hospital. El día en que iba a ser dada de alta le dijo a su padre:

—Las enfermeras y también las auxiliares han sido muy cariñosas conmigo. A veces sentía como si me quisieran más que tú y mamá.

En ese momento, el personal del hospital le dio al padre la factura. La niña preguntó con curiosidad:

—¿Qué es eso?

Su padre respondió:

—Es la factura que indica el precio de todo el amor que te han demostrado.

Om saha nau-avatu
saha nau bhunaktu
saha viiryam karava-avahai
tejasvi nau-adhii-tam-astu maa vidviss-aavahai
Om shaantihi shaantihi shaantihi

Este popular *mantra* de la paz que está en las *upanishads* significa:

Om, que Dios nos proteja a ambos (el profesor y el alumno),
que Dios nos alimente a los dos,
que trabajemos juntos con energía y vigor,
que nuestro estudio sea esclarecedor, que no cause hostilidad,
Om, paz, paz, paz.

Este *mantra* se recita normalmente antes de empezar una charla religiosa o una clase sobre las escrituras. La esencia del *mantra* radica en la unidad y la humildad, que siempre han formado parte del sistema *gurukula* de la antigua India. Aunque no es muy común actualmente, el sistema todavía existe en algunas partes del país, aunque muy modificado.

En la antigua India, la mayor parte de los *gurukulas* estaban situados en lugares tranquilos y aislados en los que la naturaleza les proveía generosamente. Muchos de los profesores y maestros de aquellos tiempos eran personas de familia dotadas de una elevada conciencia y madurez. Su sabiduría y compasión eran ilimitadas. Poseían una inmensa experiencia y conocimiento sobre todas las ramas de la ciencia y la filosofía. Sin embargo, aunque los maestros estuviesen instalados en un estado de perfección y contento, no tenían ego. Por eso, la palabra «ambos» de la plegaria es muy significativa. Aunque los maestros de antaño no tuvieran nada que perder o ganar, se mantenían humildes y hacían que los discípulos se sintieran completamente relajados, como en casa. El ambiente que creaban y el mensaje que practicaban era este: «Entre nosotros dos no hay diferencias. No soy superior a ti. Somos uno e iguales a los ojos de Dios». Esta lección sencilla pero profunda de «humildad y unidad» ayudaba a los estudiantes a establecer un vínculo con el maestro y les permitía permanecer totalmente abiertos a él y escuchar sus palabras con una mente y un corazón receptivos. Así, sin portátiles, ni tabletas, ni móviles y ni siquiera libros de texto o cuadernos, los profesores enseñaban y los alumnos aprendían, pues había una comunicación de corazón a corazón, del corazón del profesor al corazón del alumno. El modo más eficaz de enseñar era mediante el ejemplo.

Con la humildad y el amor como guías, con la cabeza y el corazón al unísono, el profesor y el alumno trabajaban juntos con un profundo sentimiento de unidad.

Tengo tres cosas preciosas a las que me aferro y valoro. La primera es la amabilidad; la segunda, la generosidad; la

tercera, la humildad, que impide que me ponga por encima
de los demás. Sé amable y podrás ser valiente; sé generoso y
podrás ser liberal; evita situarte por encima de los demás y
podrás convertirte en un líder entre los hombres.

Lao Tse

Si eres cabeza de familia, jefe de una organización o líder de un país y tienes una actitud de cuidado, humildad e inclinación a sacrificar tus propios intereses y comodidades personales (poniendo de ese modo de verdad las necesidades de los demás por delante de las tuyas), entonces posees los rasgos que te hacen inigualable. Serás recordado, adorado y amado como una persona irremplazable. Tu nombre y tus acciones siempre se recordarán como una luz que guía a la humanidad.

Según la antigua tradición de la India, se suponía que el rey debía considerar a sus súbditos su propia familia y a su país su hogar. Con toda la contaminación mental y atmosférica actual, esa antigua idea ya no es factible. Un líder o directivo debe considerar a sus empleados una gran familia, aunque no lo sean en sentido literal. El auténtico ingrediente consiste en dar un toque personal, mantener un espíritu de humanidad.

Durante la gira de Estados Unidos de 2013, cuando Amma estaba en la ciudad de Washington, la periodista Laurie Singh le preguntó:

—Si estuvieras hoy en el Capitolio de los Estados Unidos, ¿qué mensaje les darías al presidente Obama y a su familia?

La respuesta de Amma no fue un mensaje solo para el presidente Barack Obama sino para todos los que ocupan una posición de liderazgo en el mundo:

—El presidente lo es de todos los ciudadanos de este país, de todos los súbditos, y su familia es el país entero. Que sirva a este país lo mejor que pueda, que posea una profunda comprensión y la capacidad necesaria para cumplir su deber de cuidar a las personas de esta nación. Que él y su familia vivan siempre en paz y sean felices.

Dave Packard, cofundador de Hewlett-Packard, creó el concepto de «gestionar paseando», que apareció en el libro de Tom Peters titulado «En busca de la excelencia». El señor Packard explicó por qué creía en el proceso de gestionar paseando por la oficina o la fábrica y relacionándose con los empleados. Esa técnica no sólo ayuda al director a hacerse una idea sobre el personal, sino que también hace que los empleados sientan que se les hace caso y que están vinculados a la dirección.

De hecho, durante sus viajes por la India y por otros países, Amma llena a todos de gozo cuando recorre los distintos departamentos de sus centros. Visita la cocina, las obras, la imprenta, los hospitales de beneficencia, el establo, etc. En su sede central de *Kerala*, Amma sirve la comida todos los martes a todos los residentes y visitantes. Come con todos, canta y baila con ellos y responde a sus preguntas. De hecho, esa es una parte esencial de las giras y de las actividades cotidianas de Amma. Esa atmósfera de intimidad y atención personal constituye un tremendo apoyo para sus seguidores. Produce un efecto mágico, ya que eleva el nivel de entusiasmo y conciencia de las personas. Además, durante las giras de Amma por el extranjero ella sirve la cena a todos los que asisten a sus retiros, que están encantados de recibir su plato directamente de manos de Amma.

A veces, cuando Amma está en la sede central o en algunas de sus delegaciones, inesperadamente se da una vuelta por todos los departamentos para inspeccionar su funcionamiento y para asegurarse de que las instalaciones se mantengan limpias y ordenadas. Esas inspecciones suelen producirse por la noche, a menudo después de la medianoche. Sea la hora que sea, en cuanto Amma sale de su habitación los residentes se congregan a su alrededor y le acompañan durante la visita.

Durante una de esas sesiones de «gestionar paseando», Amma pisó un clavo en una zona de obras. Lo recogió y lo levantó para que todos pudieran verlo claramente. Con voz grave dijo: «Mirad esto. ¿No sabéis que entre las miles de personas que vienen aquí hay muchos trabajadores pobres que solo cuentan con su jornal diario para ganarse la vida? ¿Qué pasaría si este clavo hiciese una herida en la planta del pie de uno de esos pobres jornaleros? Al desconocer la gravedad de la herida, es posible que ni siquiera se la cuidara. Como es el único que gana el pan en toda la familia, si se quedara en casa a descansar su esposa e hijos se morirían de hambre. Así que está obligado a trabajar aunque le duela. Eso empeoraría el estado de la herida, podría infectarse y el hombre permanecería postrado en cama durante varias semanas o incluso meses. Sin comida y sin poder satisfacer siquiera sus necesidades básicas, su familia lo pasaría mal. Ese sería un escenario posible, ¿no os parece? ¿Habéis pensado alguna vez en eso? Todos nosotros seríamos responsables de la desgracia de una familia entera si algo así le sucediera a alguno de nuestros visitantes. Nuestra falta de cuidado y de preocupación por los demás sería la causa del sufrimiento de una familia entera. Solo es un clavito, pero podría arruinar la vida de un desventurado. Permitidme que os diga que si vuelve a suceder algo parecido yo me encargaré de barrer todo el terreno y retirar toda la basura».

En ocasiones Amma ve sacos de escombros, cemento o ladrillos abandonados. Inmediatamente se agacha, lo recoge todo y les dice a los residentes que lo utilicen como pequeñas losas, trozos de bloques de cemento o para rellenar y nivelar el terreno.

Cuando Amma visita la cocina y la zona en la que se parten las verduras, lo primero que hace es ir directamente a los enormes cubos de basura. Inspecciona minuciosamente su interior y llega a meter la mano en ellos. Su objetivo es asegurarse de que no se desperdicie ningún alimento. Si encuentra mondas de verduras con demasiada comida aprovechable, convoca de inmediato a quienes las han partido. Les muestra lo que ha encontrado en la basura y les explica que al desperdiciar comida estamos privando de ella o incluso robándosela a una familia hambrienta que tiene derecho a ella. Después les enseña la forma correcta de cortar las verduras.

Algunas personas tienen la costumbre de quitar una hoja, arrancar una flor o cortar pequeñas ramas de las plantas o de los árboles mientras caminan o están de pie hablando con otro. Cada vez que Amma ve a alguien haciendo eso durante sus rondas nocturnas, inmediatamente le reprende diciéndole: «No entiendes que esas plantas están durmiendo y es una crueldad despertarlas. Imagina lo qué sucedería si alguien te sacudiera bruscamente cuando estás durmiendo profundamente. ¿No te sobresaltarías? Eso mismo les sucede a las plantas y a los árboles. Aunque lo hagas sin querer, estás haciéndole daño a una planta cuando le arrancas una hoja sin razón alguna». A continuación Amma insiste en que esa persona le pida perdón a la planta.

Como líder, Amma tiene una comprensión perfecta de cómo ejercer su autoridad sin herir a los demás. Sabe cuándo y cómo ejercer de brillante orientadora de nuestra vida, cuándo es el momento exacto para escuchar, para ponerse firme respecto a una decisión y el momento preciso para quedarse callada; pero en el proceso de ejecución de sus capacidades de gestión, Amma no juzga a nadie ni ninguna situación. Por eso, nada afecta su estado de ánimo agradable y alegre. Utiliza las emociones para expresar cuándo se siente molesta por algo, y hay momentos en que se expresa de forma contundente; pero se trata tan solo de máscaras que puede ponerse o quitarse en cualquier momento. Como en esencia su naturaleza es la compasión y el amor, la pureza de sus intenciones permanece intacta. Dirigir o gestionar no consiste en caminar por ahí con aire orgulloso, mostrando el ego, dando órdenes y ejerciendo la autoridad. Consiste en aprender a ser humilde. La humildad es el primer paso hacia una buena gestión. Inspirados por el ejemplo de Amma, hemos logrado el objetivo de conseguir residuos cero en la sede del MAM. El lema de Amma es «reducir, reutilizar y reciclar».

En 2011, Amma puso en marcha un programa denominado «*Amala Bharatam*, Campaña para una India Limpia» (ABC). Su objetivo es concienciar a la población sobre la limpieza medioambiental y la protección de la naturaleza. El programa comenzó con mucha fuerza y los voluntarios lo han estado poniendo en práctica con éxito desde su inicio. El episodio que relato a continuación es un ejemplo clásico de «gestionar paseando». Los participantes pudieron ver que durante toda la tarde Amma se involucraba directamente en el trabajo y formaba parte del equipo.

En una de sus giras anuales por el norte de la India, Amma visitó *Kolkata* (Calcuta). Era un programa de dos días que tuvo lugar el 19 y 20 de enero de 2013. Ambos días Amma permaneció sentada durante más de doce horas ofreciendo ininterrumpidamente su característico abrazo. El segundo día, en medio de la sesión, a eso de las seis de la tarde, Amma anunció que había que limpiar la carretera que pasaba junto al centro en el que se celebraba el programa, para que de ese modo se iniciara en Calcuta la campaña ABC. Amma envió voluntarios a inspeccionar la zona que había que limpiar y a conseguir el material necesario para las tareas de limpieza.

Cuando terminó el *darshan,* a las once de la noche, Amma se levantó del escenario y fue andando por el largo camino de acceso hasta la concurrida carretera principal Budge Budge, que pasa por delante del centro. Junto a más de ochocientos voluntarios, Amma pasó las siguientes tres horas limpiando tres kilómetros de carretera. La propia Amma se puso guantes y mascarilla y se metió directamente en la basura que se llevaba acumulando por años al costado del camino. Los ayudantes se desplegaron por el arcén recogiendo en bolsas basura de todas clases, tamaños y olores. Después de rastrillar, sacar con una pala y arrancar la basura del pavimento durante de tres horas, Amma recorrió los tres kilómetros de carretera para observar el duro trabajo de los voluntarios y mostrarles su agradecimiento por el esfuerzo realizado. Cuando regresaba al centro, llegó un gran camión para llevarse todas las bolsas de basura que se habían recogido.

Durante la noche muchos residentes de la zona fueron despertados por las alegres risas de aquellos extranjeros de todas partes del mundo que estaban limpiando el barrio. Muchos abrieron la puerta de su casa y salieron con cara de asombro al ver la celebración inesperada que estaba teniendo lugar allí fuera en el frío de la noche. Los atónitos policías que habían ido a acompañar a Amma fueron muy útiles para dirigir el intenso tráfico de la carretera. A la mañana siguiente, cuando Amma y el grupo de la gira partieron hacia *Odisha*, su siguiente etapa, la carretera estaba absolutamente impecable.

Desde que se iniciara, el proyecto *Amala Bharatam* ha limpiado numerosos lugares de toda la India. Varios gobiernos estatales de la República han prometido apoyo a la campaña y han patrocinado la limpieza de distintos puntos de sus estados.

El «Times of India», uno de los periódicos más importantes en inglés de la India, informó así sobre la noticia: «Como parte del inicio de la campaña ABC, Amma y cientos de sus discípulos y devotos barrieron y limpiaron un tramo de tres kilómetros de la carretera Budge Budge cerca de *Sarkarpool*. Eso se llevó a cabo en las últimas horas del día 19 de enero, después de que Amma hubiera dado *darshan* en el *ashram* a miles de devotos».

Tal como se explica en la estrofa sánscrita que hemos citado al inicio de este capítulo, para Amma no hay un «yo» y un «tú». En ella no existe el sentimiento de «yo soy superior, tú eres inferior». Solo existe «nosotros, madre e hijos».

La *Bhagavad Gita* dice: «Las grandes personas miran de la misma manera a un erudito dotado de conocimiento y humildad, a una vaca, a un elefante e incluso a un perro y a un descastado».

Amma dice: «El aprendizaje es un proceso sin fin, así que sé siempre un principiante, ten la actitud de un niño. La humildad mantiene tu corazón siempre lleno y reduce el ego».

Capítulo nueve

El contento, la auténtica riqueza

Amma dice: «Cuando nos centramos únicamente en la acción y no en el resultado, surge sin más el contento o satisfacción. En el momento en el que tu atención pasa de la acción al resultado, te abandonan la alegría y la satisfacción y quedas a merced de la ansiedad y el miedo. Estar satisfecho significa estar centrado».

No estoy en contra del dinero o las posesiones; tampoco mi visión de la vida, que he aprendido de Amma, se opone a la riqueza; sin embargo, ser rico y dueño de una gran fortuna lleva implícito un problema. Supone un reto saber si eres más admirado por tu dinero o por ti mismo, si el amor de los demás se dirige hacia ti o hacia tu dinero. Nunca llegaremos a una respuesta clara. El dinero es sin duda un medio, pero tienes que pensar si quieres convertirlo o no en tu objetivo final. Lo interesante es que, si una persona feliz tiene una gran cantidad de dinero, probablemente se sentirá todavía más feliz. Por el contrario, si se trata de una persona rica pero infeliz, podrá resultarle todavía más doloroso vivir en medio de la abundancia.

Los maestros espirituales elogiaron *tripti*, el contento o satisfacción. Esos sabios de la antigüedad hicieron hincapié en la importancia de sentir satisfacción respecto a la posesión de riqueza. Cuando declaraban que *tripti* era una virtud, no la identificaban con la generación de riqueza u otros logros, sino simplemente con su posesión. Decían: «Sigue adelante y obtén beneficio, pero que este no sea la base de tu contento. No caigas en el error de pensar que la riqueza y la felicidad van unidas». Sin embargo, una persona ignorante que malinterpretaba el mensaje llegaba a la conclusión de que no hay que trabajar ni esforzarse por conseguir nada en la vida. La intención de los maestros espirituales no tiene nada que ver con esa mala interpretación.

Así pues, hemos creado una falsa relación entre el dinero y la felicidad: si tenemos dinero, habrá felicidad; si no, la felicidad nos esquivará. Pero lo cierto es que se trata de una idea errónea que ha sido creada por la mente, por el ego.

El contento consiste en apreciar lo que tenemos, en no ansiar lo que no tenemos. Cuando se corta ese falso vínculo entre el dinero y la felicidad, nos damos cuenta de que el hecho de que ganemos treinta mil, cien mil o un millón de dólares al año no influye en nuestra felicidad. De hecho, esa actitud es la que le da al empresario la fuerza necesaria para contribuir de verdad al crecimiento de la nación, ya que, después de satisfacer sus propias necesidades y las de su familia, puede destinar el resto a contribuir verdaderamente al desarrollo de la nación: los pobres, la educación, la vivienda, la ayuda de emergencia, etc.

Así que debemos calcular lo que necesitamos y después convertirnos en filántropos con una visión que vaya más allá de nuestra propia familia e incluya la familia universal. Hay que mejorar no solo la casa en la que viven nuestros hijos sino también el mundo en el que viven.

Hace poco me encontré con R. N. *Ravi*, un antiguo oficial del Servicio Indio de Policía (IPS) que se acababa de jubilar de su puesto de Director Especial de la Oficina Central de Inteligencia. Actualmente es consejero en el Ministerio del Interior. Este caballero amable y respetado y su esposa habían adoptado a dos niños de las calles de *Delhi* y los habían criado junto a sus tres hijos biológicos. Mientras contaba algunas de sus experiencias, me dijo: «Hago cosas como esta porque me proporcionan mucha alegría y hacen que mi corazón se abra a los demás. Me siento satisfecho. Creo en el destino y en el *karma*, pero creo aún más en la gracia de Dios. En mi vida Dios siempre me muestra el camino correcto, lo que debo hacer. Dios se vale de nosotros como sus instrumentos».

Ravi me contó un bonito episodio que sucedió cuando trabajaba de superintendente de policía en uno de los distritos de *Kerala*. El oficial, durante el tiempo que estuvo en el cargo, les dijo a sus subordinados que colocaran buzones de quejas en las distintas partes de la ciudad. *Ravi* explicó: «Cualquiera podía depositar una carta, una queja o una sugerencia en el buzón, firmada o sin firmar. Todas las noches mi personal iba a recogerlas y me las traía para actuar en consecuencia. Eso nos ayudó a mejorar el servicio a las personas acercándonos a ellas en lugar de esperar a que vinieran a la policía, lo que no siempre es una experiencia agradable. Pensaba que mi trabajo me había sido encomendado por la divinidad para reducir y enjugar las lágrimas de la gente tanto como me fuera posible. El experimento redujo drásticamente los delitos en el distrito».

En una ocasión un niño dejo esta nota en uno de los buzones: «Querido policía: todos los días espero junto a la carretera el autobús escolar. Con el calor del sol el alquitrán de la carretera se derrite y se me pega a los zapatos. ¿Puedes hacer algo?». En sentido estricto, esto no forma en absoluto parte de su trabajo como policía. Podía haber despachado fácilmente la petición del niño con alguna excusa poco convincente; pero el oficial llamó de inmediato al Departamento de Obras Públicas local y les pidió que repararan esa parte de la carretera, y ellos lo hicieron.

Ravi prosiguió: «En otra ocasión, recibí una carta de una anciana que vivía en una residencia. Decía así: "Hijo, algunos de los que vivimos en este asilo somos muy viejos y estamos enfermos. Solo hay un ventilador de techo para todos. Lleva roto varias semanas y nadie se ocupa de repararlo o cambiarlo. Por favor, ¿podrías ayudarnos?"».

De nuevo se trataba de una petición que no tenía nada que ver con sus responsabilidades. Podía haber actuado como la mayoría, tirando la carta a la papelera y olvidándose de ella; pero él no era así. Compró un ventilador nuevo, fue con un electricista a la residencia de ancianos y lo cambió. Todos los ancianos estaban muy satisfechos y agradecidos, especialmente la señora que había escrito la carta.

El oficial me dijo: «Todavía guardo esas cartas, atesoro esas experiencias en el cofre de mi corazón y reflexiono sobre ellas. Me recuerdan que no solo tengo un deber con mi familia, sino también con la sociedad; y no solo como policía, sino como ser humano, como alguien enviado por Dios para ayudar a los demás en la medida de mis posibilidades. Soy un mensajero o emisario de Dios. Ser consciente de ello me da una inmensa alegría y satisfacción». De hecho, todos somos mensajeros de Dios. En este caso se trata de un agente de policía inteligente, de un profesional que pone más el corazón que la cabeza en su trabajo. «Todo aquel al que se le ha encargado una misión es un ángel». Esto lo escribió Maimonides, que era un filósofo, astrónomo y médico judío, uno de los más prolíficos e influyentes estudiosos de la Torá.

Es un error pensar que la gráfica de nuestro disfrute mostrará una tendencia a la baja si damos cabida al valor del contento en nuestra vida. Se trata de un malentendido creado por la codicia. Conviene recordar una cosa al respecto: la antigua ciencia de la espiritualidad nunca niega la vida, sino que la afirma. A lo largo de la historia de la humanidad, ha habido tiranos (autócratas) que han sostenido esta filosofía opuesta al contento, e incluso han impuesto esa idea a sus súbditos, en especial a los sectores de la sociedad menos capaces intelectualmente; pero lo cierto es que ningún maestro espiritual genuino, ni de Oriente ni de Occidente, ha sostenido nunca esa interpretación de la vida. Daban la bienvenida a la vida con todas sus diversas experiencias. La diferencia es que ellos no solo aceptaban la felicidad, el éxito y el honor, sino también la infelicidad, el fracaso y la deshonra. No maldecían a los demás o a la naturaleza mientras pasaban por estas experiencias, sino que asumían intrépidamente la responsabilidad de la situación y la aceptaban con una sonrisa. En resumen: valoraban y recibían con los brazos abiertos tanto la riqueza exterior como la interior. Apreciaban la riqueza exterior y la alegría que producía, pero con el mismo espíritu también valoraban la riqueza interior del contento. Esto creaba un equilibrio perfecto en sus vidas. Para ellos el contento era sumamente importante.

Una de las escrituras indias, la *Taittiriya Upanishad*, da una descripción gráfica en diez niveles de la riqueza exterior y el contento. Supongamos que una persona pasa del nivel uno al nivel dos en su proceso de adquisición de riqueza. Del mismo modo, otra persona eleva su nivel de contento del nivel uno al nivel dos. Si fuéramos capaces de medir el nivel de felicidad de ambas personas, nos daríamos cuenta de que la segunda, aumentando su nivel de contento, obtiene cien veces más gozo que la primera, que se ha dedicado a acumular riqueza exterior. Incluso sin ningún nuevo aparato tecnológico, tendrá mayor contento o satisfacción y se sentirá más feliz que una persona rica que no está satisfecha.

El verdadero contento procede de la ayuda incondicional que proporcionamos a las personas que se la merecen. Ayudar a los demás da felicidad porque cuando se sirve a alguien sin esperar nada a cambio uno se vuelve más amplio, crece el nivel de conciencia. Cuando ayudamos a alguien desinteresadamente, nos identificamos con el dolor o la alegría de la otra persona, seamos conscientes o no de ello. Lo que sucede en ese proceso es que nos vemos a nosotros mismos en la otra persona. Esa otra persona se convierte en una extensión de nosotros mismos, y la sensación de «otredad» desaparece.

En Estados Unidos hay un popular programa de televisión que demuestra que ayudar a los demás nos permite vernos en ellos. Algunos de los millonarios de más éxito del país se embarcan en un viaje increíble. Pasan una semana en las zonas más pobres del país y, finalmente, recompensan con cientos de miles de dólares de su propiedad a algunos héroes anónimos de la comunidad. El programa se basa en una serie de gran éxito de la televisión británica, y cada episodio de «Millonario anónimo» sigue a una de las personas de negocios de más éxito de Estados Unidos que deja durante una semana las comodidades de su hogar. Durante ese tiempo, mantiene oculta su identidad y vive en alguno de los barrios más pobres del país.

Mientras residen en viviendas destinadas a personas que viven de las ayudas sociales, estos «millonarios anónimos» tratan de encontrar a las personas más meritorias de la comunidad. Nos referimos a esos individuos altruistas que continuamente lo sacrifican todo para ayudar a cualquiera que lo necesite y, finalmente, animar a los demás a hacer lo mismo.

Amos Winbusch III, sin su ropa habitual ni su tarjeta de crédito, se fue a vivir una semana como un pobre a Nueva Orleans en uno de los programas de «Millonario anónimo». Aunque había levantado desde la base una empresa multimillonaria, uno de los retos más difíciles a los que tuvo que hacer frente fue vivir con treinta dólares y medio durante una semana entera para el programa.

—El primer día fui a una tienda de comestibles y me arruiné por completo —dijo el directivo de CyberSynchs, una empresa tecnológica con sede en Nueva York y cuyo valor supera los 196 millones de dólares—. Compré pan, leche y cereales y vi que el coste ascendía a unos sesenta dólares, por lo que tuve que devolver algunos productos. Fue una gran revelación. Mi vida fue así durante una semana, pero muchas personas viven así todos los días.

Nos cuenta que su experiencia cambiando vidas en Nueva Orleans lo ha cambiado a él:

—Yo era una persona que vivía en su burbuja. Cuando tienes que levantar una empresa nueva estás totalmente centrado en su crecimiento, no necesariamente en las personas que te rodean ni en preguntarte cómo serán sus vidas. Eso cambió por completo. Volví a la ciudad totalmente renovado.

Mediante esa increíble experiencia, los millonarios se encuentran cara a cara con personas verdaderamente extraordinarias que dejan a un lado sus propias necesidades por los demás. Al final del viaje revelan su verdadera identidad y donan su dinero a esos héroes locales. En ese momento se produce un cambio en su vida.

Hace poco conocí a un pequeño grupo de mujeres que me contaron una inspiradora historia. En su mayor parte pertenecen a familias de clase media baja y forman parte del proyecto *Amritakudumbam*, una rama de las actividades espirituales de Amma. Tal como indica el nombre, cada *Amritakudumbam* está formado por varias familias que se reúnen para realizar prácticas espirituales y servir a la sociedad. Como proceden de familias pobres, estas mujeres se esfuerzan durante todo el día para llegar a fin de mes. La historia que me contaron hizo que se me saltaran las lágrimas. Todos los días ahorran una pequeña parte de su jornal y cada dos semanas compran arroz y verduras con el dinero ahorrado. Hacen la comida y la llevan a un orfanato cercano para dar de comer a los niños pobres que viven en él. Yo diría que la conciencia y el nivel de satisfacción de estas mujeres es mucho mayor que el que pueda tener la persona más rica del mundo. Estas mujeres estaban aplicando la enseñanza de Amma de «ofrecer lo que podamos a la sociedad». Su amor a Dios elevó su nivel de conciencia, lo que a su vez produce un cambio en las circunstancias exteriores.

Cuando nos jugamos nuestra felicidad por la riqueza, el poder o convertirnos en el próximo Bill Gates, no solo nos estresamos sino que nos convertimos en el propio estrés. Así nunca tendremos paz. Por muy ricos que seamos, nuestra vida será un infierno. Estará llena de miedo. Si nos jugamos la felicidad en el mercado de valores, nuestra felicidad y nuestra paz estarán a merced del mercado. Y todos sabemos cómo es el mercado: sube, baja, sube, baja, sube, baja... Imaginemos cómo será el estado mental de alguien que ha apostado su felicidad en ese mercado. Será como un loco. Cuando el mercado suba, saltará de alegría, y cuando se hunda, saltará por la ventana. ¿Por qué? Porque ha apostado su felicidad por algo que, por naturaleza, fluctúa sin misericordia.

Como todos sabemos, el mundo es por naturaleza inestable e impredecible, ya se trate del mundo de la familia, del mundo de los negocios o del mundo del amor. El contento procede de nuestro poder interior: del poder de pensar y sentir positivamente. Y ahí es donde la espiritualidad entra en nuestra vida. Nos mantiene centrados y equilibrados, lo que, a su vez, nos permite jugar sin temor en el inestable e impredecible mundo.

No hay austeridad como una mente equilibrada ni felicidad como el contento. No hay enfermedad como la codicia ni virtud como la misericordia.

Chanakya

Capítulo diez

La fuerza oculta del dolor

Cuando una empresa no fomenta la cultura del corazón entre sus empleados, el resultado puede ser la división y el conflicto. El conflicto en el lugar de trabajo es bastante común en casi todas las organizaciones. Como en las empresas hay gran variedad de personas de distintas culturas, formación, nacionalidad e idioma, resultan inevitables las discusiones y las diferencias de opinión. Las diferencias de nivel de estudios, capacidad intelectual, preferencias religiosas y emociones arraigadas también contribuyen a la intensidad de estos conflictos.

En una conferencia que Amma pronunció en la reunión de la Alianza de Civilizaciones celebrada en Shanghai, dijo: «Con independencia del país, solo puede haber armonía y unidad social si la cultura y la modernización van unidas. De lo contrario, se destruye la confianza mutua. Cuando no se consigue armonizar la cultura y la modernización, aparecen muchas comunidades y grupos diferentes que acaban reivindicando sus derechos por separado. Eso solo genera grupos llenos de odio entre sí, que permanecen completamente desconectados como islas solitarias. Para que una sociedad con tradiciones diversas permanezca en paz y progrese, sus miembros deben tratar de crecer y evolucionar y, al mismo tiempo, reconocer el valor de las tradiciones que han ido pasando de generación en generación. La historia nos enseña que la innovación que desprecia la tradición solo logra una satisfacción inmediata y una prosperidad de corta duración».

¿Cómo se resuelven esta clase de conflictos? El primer paso consiste en dejar que las partes enfrentadas lo resuelvan por sí solas; pero, cuando las cosas están al borde de quedar fuera de control, el líder tiene que intervenir. Si no se abordan de una manera inteligente, cuidadosa, educada y diplomática, esas situaciones pueden extenderse a otras partes de la organización, influyendo en el ambiente del lugar de trabajo y la productividad del equipo. Eso también podría socavar la moral de los trabajadores.

Algunos empleados experimentados podrían abandonar la empresa si se pospusiera la resolución de un conflicto. Nadie quiere trabajar en un ambiente hostil o extremadamente estresante. Una cosa es ser un trabajador bien coordinado, meticuloso y sistemático; pero otra cosa bien distinta es esperar mentalmente todos los días que se produzcan situaciones que supongan un desafío. Para una mente inexperta y mal equipada, la supervivencia en el lugar de trabajo puede causar un gran gasto de energía.

Llevo treinta y cuatro años viajando con Amma por todo el mundo. Parte de mi *seva* (servicio) consiste en estar sentado al lado del sillón de Amma y traducir las preguntas que le hacen las personas que acuden a ella, sea en la cola de las preguntas o en ocasiones en la cola del abrazo. He visto cómo la gente se abre de forma espontánea y se desahoga con Amma mientras ella los abraza. Amma escucha pacientemente sus problemas personales, profesionales, físicos, emocionales y espirituales y les aconseja soluciones. Es realmente impresionante y a veces incluso deprimente saber cuánto dolor y profunda tristeza llevan dentro las personas; pero también veo cómo se transforman, cómo crece su nivel de aceptación y cómo su felicidad alcanza una nueva dimensión tras contarle sus problemas a Amma.

Uno de los principales asuntos que comentan con ella es la lucha, interior y exterior, a la que se enfrentan en sus lugares de trabajo y la inmensa tensión mental, estrés emocional y agotamiento físico que les provoca. La mayoría de ellos dicen: «Cuando llego a casa por la noche no me queda ni energía ni entusiasmo». Lo que suelen hacer muchos de ellos es irse directamente a la cama.

Los problemas laborales comienzan con el desplazamiento a primera hora de la mañana de casa al trabajo después de ocuparse de las necesidades familiares, y continúan durante todo el día con una serie de frustraciones, como la política que se sigue en el trabajo, el trato de favor que recibe el preferido del jefe, un directivo incompetente, etc. La lista es larga. Si esa situación no se afronta, el conflicto interior se manifiesta rápidamente en las relaciones exteriores. Ese conflicto influye en la producción de los trabajadores y pronto se refleja en toda la empresa en forma de huelgas sindicales, boicots, paros, etc. La solución está en la comprensión del gerente y su capacidad de atajar de raíz los problemas.

Hay cosas que no podemos ver con los ojos exteriores. Un líder, a medida que va madurando y adquiriendo experiencia, debe esforzarse por adquirir un ojo intuitivo. Eso significa una visión interior clara y sensible que permita ver las cosas completas. Esa mirada captará las cosas sutiles que se les escapan a los ojos físicos. Un gerente curtido ayuda a los empleados a ver sus limitaciones y debilidades, creando de ese modo la necesaria conciencia. El verdadero apoyo no solo consiste en ofrecer sueldos y beneficios atractivos sino también en poseer una profunda comprensión de los talentos, las capacidades y las fragilidades de los miembros del equipo.

Ayudar a los empleados a procesar sus emociones es una tarea delicada que hay que realizar de forma saludable. Hay que tratar las emociones con sumo cuidado, como cuando se abre una flor, pues un mal manejo de este importante aspecto de la persona puede afectar negativamente todas las áreas de la vida, como las relaciones familiares y la salud. Por supuesto, los gerentes y empleados cuentan con expertos externos como psicólogos, terapeutas y consejeros competentes para guiarlos en estas situaciones y mostrarles una perspectiva más amplia.

Estas son algunas sugerencias que dan los consejeros:

• Sé paciente y céntrate en tu trabajo.

• Haz algo de introspección y autoanálisis.

• Si tu jefe contrata a un gerente no cualificado o a un compañero suyo que no tiene ni el talento ni la capacidad necesarios, intenta ver las cosas desde la perspectiva del nuevo directivo. Intenta que se dé cuenta de sus limitaciones por medio de amables recordatorios y correcciones.

• No compares. Reconoce y comprende las capacidades y defectos de los demás y acéptalos tal como son.

• No juzgues.

• Fomenta las metas comunes y trabaja en equipo para conseguir el éxito de la organización.

• Procura trabajar primero respecto a tus propias debilidades.

Todas estas propuestas funcionan, pero solo hasta cierto punto. Siempre hay pros y contras. En última instancia, lo que realmente funciona es un cambio en la percepción del empleado. Puede cambiar de empresa y de trabajo o incluso montar su propio negocio y convertirse en su propio jefe; sin embargo, aunque intente cualquier solución, estas sombras lo seguirán a todas partes porque, vaya donde vaya, verá y evaluará las situaciones con la misma mente.

Amma dice: «En la vida hay dos clases de situaciones: en unas podemos optar por solucionar el problema y en otras no tenemos esa opción. Cuando hay opción, podemos trabajar más y más hasta alcanzar la meta. En otras situaciones, por el contrario, por mucho que nos esforcemos no conseguimos nada y acabamos completamente derrotados. Supongamos que medimos uno setenta y nos gustaría ser dos centímetros más altos. Podemos tomar complejos vitamínicos, colgarnos boca abajo de los tobillos o hacer otros ejercicios de estiramiento. En este caso, todos nuestros esfuerzos serán en vano. Solo conseguiremos perder nuestro precioso tiempo y energía, ya que el ADN que constituye nuestro cuerpo ya ha decidido nuestra estatura. Así que hay que aceptar la situación y seguir adelante. Pero si suspendemos un examen o una entrevista, tenemos la opción de volver a examinarnos o de hacer otra entrevista hasta tener éxito. Hay que entender bien la diferencia entre estos dos ejemplos, pues de lo contrario padeceremos mucho dolor y miedo».

Hay que agotar todas las posibilidades hasta que lleguemos a un punto en el que la suave voz de la conciencia nos diga: «Has hecho cuanto podías; ahora detente y relájate». Confía en esa voz. De hecho, confía sólo en esa voz. ¿Qué sentido tiene luchar contra una situación en la que vas a acabar perdiendo, sintiéndote humillado y completamente agotado? Permite que la comprensión de ese hecho cale en ti. Para que suceda eso, no basta con un simple examen de conciencia. Se requiere una profunda meditación. Solo la meditación puede crear el espacio y el silencio interiores necesarios para reponer la energía perdida y evitar más pérdidas de energía. La auténtica aceptación, que es la visión positiva y la fuerza interior que buscamos, tal vez no llegue tan rápido como deseamos. Así como el esfuerzo constante es fundamental para cualquier logro, para conseguir esta actitud de aceptación hace falta un esfuerzo serio y continuo. Dicho esto, también hay que decir que a veces es necesario pasar por la experiencia para alcanzar ese punto de relajación y revelación; pero, mientras eso ocurre, tenemos que permanecer tan abiertos como sea posible y no permitir que la experiencia nos abrume o nos domine. No es fácil, pero indudablemente es posible porque tenemos el potencial interior y, en realidad, poseemos una capacidad infinita.

Permitidme contaros una experiencia. En 1999 sufrí un repentino prolapso de disco cervical seguido de un periodo de intenso dolor y sufrimiento, así como agitación emocional. Amma fue la primera en avisarme, antes incluso de que se manifestaran los primeros síntomas. Estábamos en la gira anual del Norte de la India. Como siempre, todo el viaje lo hacíamos por carretera. Justo después de un programa nocturno repleto de gente en *Bangalore*, que se prolongó hasta ya avanzada la mañana siguiente, Amma se montó en el coche para partir hacia el siguiente programa. Yo me encontraba en el asiento delantero junto al conductor. Poco después de arrancar y alcanzar una buena velocidad, sentí el suave toque de Amma en el hombro. La vibración del contacto era distinta de lo normal. Miré hacia atrás. Amma me sonrió, pero en su sonrisa había tristeza. Con voz suave me dijo:

—Siento que algo malo se está cerniendo sobre ti.

Sus susurros, sus ojos, su toque y toda su vibración eran lo suficientemente potentes como para transmitir un mensaje desconocido que aún estaba por revelarse.

Al día siguiente me apareció un dolor en el omóplato. Empezó siendo pequeño, como una distensión, y luego fue empeorando cada día. Al cabo de dos días, el dolor bajó por el brazo derecho. Para cuando llegamos a Pune el dolor era insoportable. No podía levantar el brazo, sentarme, estar de pie y ni siquiera tumbarme. Finalmente Amma me pidió que me hiciera una resonancia magnética. En la resonancia se vio que había un prolapso de un disco cervical que comprimía un nervio. Todos los médicos que consultamos nos aconsejaron una operación. Amma no estaba de acuerdo y dijo:

—No hace falta una operación, basta con que descanse y ya se curará solo.

Esto sucedió hace catorce años. En aquellos días en la India había cierto temor a la operación recomendada. En cualquier caso, preferí seguir los consejos de Amma y descansar.

Estuve dos meses sin poder moverme de la cama. No solo era el dolor físico sino también el atroz dolor mental y emocional. Cuando otro especialista me comunicó algunos datos alarmantes sobre las posibles consecuencias de una hernia discal, se me agravó aún más el estado mental y emocional. Mi principal preocupación era no poder seguir con la *seva* que llevaba haciendo veinte años. Durante dos décadas me había mantenido plena y vigorosamente activo.

Creía que no tenía miedo. En mi mente consciente no había ni rastro de temor; sin embargo, esta experiencia fue un acontecimiento importante en mi vida, ya que todo parecía derrumbarse como si mi vida se acabara. Había una oscuridad total y ninguna luz «al final del túnel». Todo iba bien y, de repente, esto me golpeó como un rayo. Cada momento que transcurría era como un viaje a través de las eras. Como me sentía indefenso, lo único que podía hacer era llorar y llorar. Lloraba a mares todos los días y rezaba con todo mi corazón pidiendo fuerza interior, amor y fe.

Al igual que un prestigioso psicólogo, Amma me guió paso a paso por aquella experiencia, me transmitió fe y confianza y me ayudó a superar el miedo. Aun así, me costó más de seis meses salir de la oscuridad que me había rodeado.

No obstante, tuve que dar el primer paso y seguir hacia adelante. El primer paso que damos es de suma importancia, ya se trate de una situación exterior o de una perturbación emocional. El amor a sí mismo es el primer paso. No hay que confundir el amor a sí mismo con el amor a nuestro ego. Más bien se trata de fe en nosotros mismos, en nuestro potencial interior. Para ser más precisos, es la fe firme en el don de la vida. Nuestro nacimiento no es accidental, sino que tiene una finalidad, una meta más elevada. Estamos aquí para cumplir algo que nadie más puede hacer. Sin nosotros habría un vacío en el universo. El universo nos echaría de menos. Estad convencidos de ello.

El segundo paso, que es igual de importante, consiste en encontrar el guía correcto, un mentor que tenga una visión integral de la vida, que la haya experimentado en todas sus dimensiones y sea un verdadero benefactor de la sociedad. Una vez logrados estos dos pasos, el tercero, celebrar la alegría de vivir sin obsesionarse con las circunstancias exteriores, surgirá automáticamente.

Encontré a Amma como mi líder y mi guía. Ella ilumina mi camino. Yo solo necesito la voluntad de recorrerlo. Ella me ayudó a manejar mis emociones y a aprender del dolor para que mi cuerpo pudiera curarse.

Todos necesitamos a un líder que pueda guiarnos con su ejemplo, no solo a una persona erudita y de gran cultura que acumule toneladas de información. Con los grandes avances que se producen en la ciencia y la tecnología, cualquiera puede llegar a ser un erudito en el mundo actual. Basta con el clic de un ratón. Lo que quiero decir es que tenemos que buscar un mentor dotado de verdadera sabiduría, que sea capaz de instruir y formar mediante el ejemplo y la espontaneidad. Una cita de Albert Einstein puede arrojar luz sobre esto: «Dar ejemplo no es el principal medio de influir en los demás; es el único medio».

La ayuda de un líder con las cualidades mencionadas nos dará el valor, el discernimiento, la precisión, la visión y la perspectiva correctas. Este cambio en el mundo interior también provoca un cambio en las situaciones externas.

Podemos ganar la lotería y volvernos multimillonarios. O, como uno de los cuatro finalistas de un programa de la tele, conseguir el primer premio y ganar un millón de dólares; pero eso no va a provocar ningún verdadero cambio en nosotros. Por supuesto, nos compraremos una casa mejor, un coche mejor, un televisor de plasma más grande, todo el oro que queramos, etc.; pero como seres humanos seguiremos actuando según los mismos patrones mentales, condicionados por nuestra mente y sus negatividades.

En lugar de matar a diez o veinte personas con un garrote o un martillo, ahora se pueden matar a miles pulsando un botón. ¡Y a eso lo llamamos desarrollo científico! ¿Es eso un verdadero cambio? Lo que quiero decir es esto: lo que hay que cambiar es nuestra presencia, la calidad de nuestro ser interior, nuestra personalidad entera como seres humanos. Cualquier cambio que se produzca en nuestra vida debe ayudarnos a reducir nuestros problemas. El cambio tiene que ser cualitativo, no cuantitativo. También puede ser cuantitativo si lo deseamos, pero no debe agravar los problemas existentes.

Algo que hay que tener siempre presente es que todo lo que sucede, sea interior o exteriormente, tiene un centro, un corazón. Ahí encontraréis un mensaje precioso. Tenemos dos opciones: proclamarlo en plan sensacionalista o mostrarnos sensibles a él.

No me refiero a una sensibilidad vulnerable, sino más bien a una sensibilidad penetrante. ¿Qué significa una sensibilidad penetrante? Es la capacidad de ver a través del dolor y revelar su centro. Tal como dice la *Kathopanishad*, una de las principales *upanishads*: «Quien es capaz de mirar hacia adentro experimentará el ser interior, el centro». Aunque esta cita se refiere al redescubrimiento del centro de nuestra verdadera existencia, también se puede aplicar a todas las experiencias de la vida.

Mirando hacia adentro elevamos toda la experiencia a una dimensión completamente diferente. Podemos ver los aspectos más sutiles del asunto que permanecen ocultos a los demás. Con solo contemplar y asimilar esos principios podemos ser testigos de lo que hay a nuestro alrededor, y nuestras acciones adquieren una extraordinaria belleza, fuerza y encanto.

Un principio fundamental de la vida es que los individuos tienen que afrontar en solitario todas las experiencias que la vida les depara. Pero si nuestro guía es un líder que sea un ejemplo viviente de virtudes y valores, él nos ayudará a navegar por las aparentemente traicioneras olas de la vida. Recuerdo las palabras de Ralph Waldo Emerson: «Si quieres elevarme tienes que estar en un terreno más alto».

Los períodos dolorosos de nuestra vida, los tiempos difíciles, tienen mayor profundidad que los momentos que calificamos como felices, ya que nuestra felicidad es momentánea. Esos momentos son superficiales. Cuando alguien busca satisfacción inmediata, ¿qué otra cosa se puede esperar?

A menudo pensamos que el dolor es una emoción debilitante; sin embargo, los que han comprendido los misterios de la vida nos ofrecen su propia vida como ejemplo para transmitirnos el mensaje de que el dolor tiene una fuerza oculta. De hecho, el dolor tiene una profundidad de la que carece la felicidad.

Es como la noche y el día. La oscuridad se caracteriza por su impenetrabilidad. Si adquirimos la fuerza interior necesaria para penetrar en la densa capa de nuestras experiencias tristes y dolorosas, se abrirá un nuevo mundo de conciencia y se nos entregará la llave de entrada a un mundo de conocimiento lleno de sentido.

La vida de Amma es un ejemplo perfecto que muestra el poder transformador de la tristeza, la metamorfosis que puede proporcionar. Una vez comprendido este secreto, cada vez que nos enfrentemos cara a cara con el dolor desaparecerá ese aspecto oscuro quedando solo luz. Será una experiencia simultánea. Por eso no hay que despreciar el dolor. Al contrario, hay que aceptarlo, y esa aceptación traerá luz. Entender eso da una dimensión más amplia a la vida. Todo el sentido que le hemos dado a la vida (ganar más y gastar más) experimentará un cambio. Nuestro cuerpo, nuestra mente, nuestras emociones e incluso la riqueza que ganamos se convierten en poderosas herramientas para producir el cambio al que aspiramos.

El mensaje profundo que aprendemos cuando tenemos un líder así es que los sufrimientos de la vida no son para debilitarnos, sino para despertarnos. El dolor no es para que nos sintamos tristes o deprimidos, sino para ayudarnos a ser más conscientes. Los fracasos no están para detenernos, sino para liberar nuestro poder interior.

Amma pone un ejemplo: «Imaginemos que caminamos en la penumbra del atardecer y que nos clavamos una espina en el pie. Nos la quitamos y seguimos andando, pero ahora con más cuidado, mirando si hay otras espinas. De repente vemos una cobra, una serpiente venenosa. La atención que debemos a la espina nos ha ayudado a evitar una situación potencialmente peligrosa. Si no hubiésemos estado alertas, la cobra podría habernos mordido. Teniendo esto en cuenta, no hay que ver la espina que nos clavamos en el pie como una experiencia dolorosa. Puedes maldecir la espina, pero después, cuando mires hacia atrás y más profundamente esa experiencia, te darás cuenta de que te ayudó a ser más consciente».

Merece la pena mencionar citar aquí dos frases de Charlie Chaplin. Una dice: «Nada es permanente en este mundo cruel, ni siquiera nuestros problemas». Y la otra: «Para reír de verdad, debes ser capaz de admitir tu dolor y jugar con él». Pero es probable que a Charlie Chaplin le llevara toda su vida llegar a atisbar esta verdad. Lo que tenemos que preguntarnos es: «¿Tengo que esperar todo ese tiempo para comprender esa verdad?».

Capítulo once

Enseñanzas múltiples

«Me gusta pensar que a muchos gerentes y ejecutivos que están intentando resolver problemas, los árboles les ocultan el bosque cuando se olvidan de prestar atención a su gente. No me refiero a cuánto más pueden sacarles o a cómo dirigirlos más eficazmente. Creo que tienen que pensar un poco más detenidamente lo que supone para su personal trabajar ahí todos los días». No sé exactamente lo que Gordon Bethune, directivo jubilado de la compañía aérea estadounidense Continental Airlines, quiso decir cuando hizo este inteligente comentario. No obstante, parece que entendía algo de lo que significaba mantener el buen ánimo entre los miembros de su equipo.

Peter Drucker dio en el clavo cuando dijo: «La mayor parte de lo que llamamos gestionar consiste en dificultar que las personas hagan su trabajo».

Consciente o inconscientemente, algunos directivos y líderes actuales adoptan una seriedad fuera de lugar y un aire de orgullo como si todo el mundo debiera saber que ostentan una posición de poder. Inflar nuestro ego e intentar ser importantes no añadirá nada positivo a nuestra personalidad, ni nos hará mejores líderes o gerentes. Al contrario, puede incluso afectar negativamente a nuestra reputación y productividad.

Se dice que en el ejercicio de la gestión y el liderazgo es ventajoso ser agradable con las personas, pero perjudicial entablar amistad con ellas. Sobre esto, Amma dice: «Lo que hay que practicar es un desapego receptivo. Mostrarse abierto, pero distante.

123

Ser uno de ellos, pero estar solo». Suena como un rompecabezas; sin embargo, ese es uno de los secretos del éxito: estar cerca de la gente, pero también distante.

Cuando nos acercamos demasiado a la gente, las situaciones pueden cegarnos, hacer que no seamos conscientes de la verdad. Esta cercanía o familiaridad influirá negativamente en nuestra capacidad de juicio y, sobre todo, podemos quedarnos completamente desprotegidos. En momentos de excitación, a veces caemos en un estado de olvido. En ese momento perdemos la noción de nuestra propia identidad y entramos en una cierta inconsciencia. En ese instante de identificación con una situación determinada, podemos decir una palabra, hacer un gesto, una señal o mostrar una expresión facial que a nosotros nos puede parecer insignificante; pero, para una persona realmente perspicaz, ese simple signo puede ser un claro indicador. Si esa persona ha estado esperando la oportunidad adecuada para hacer fracasar nuestra carrera, lo utilizará para escalar peldaños y hacernos rodar hasta lo más bajo. Se puede derrumbar así todo un imperio construido con nuestro sudor y nuestra sangre, todo a causa de un solo momento en el que no estábamos atentos.

La mente superficial es incapaz de lograr nada. Todos los logros son bebés nacidos de la mente más profunda, una matriz especial creada en el interior para concebir ideas innovadoras. El conocimiento no es externo. No está ahí afuera. Es interno, es una parte de nuestro ser. El dicho popular: «Los ojos son el espejo del alma», se puede modificar un poco de esta manera: «Nuestros ojos se convierten en una nueva ventana desde la cual comtemplar todo un mundo de conocimientos en nuestro interior, un gran potencial sin explotar que está latente en nosotros».

Normalmente, la gente confunde el doble sentido de la palabra soledad: estar solo y sentirse solo. Muchos incluso piensan que son lo mismo. Mientras que estar solos nos eleva a un estado más alto de conciencia, atención, amplitud y dicha, el sentirnos solos nos hace caer en la inconsciencia, la estrechez mental y la infelicidad. ¿Cómo puede un directivo infeliz ser creativo o productivo? ¿Apreciarán sus empleados su mal carácter? ¿Acaso puede una persona así establecer relaciones entre departamentos de la misma empresa? ¿Puede esta clase de directivo ser capaz de recibir y dar cordialmente una sincera retroalimentación, tan necesaria para el funcionamiento de la empresa?

Cuando nos acostumbramos a algo, a menudo eso significa asumir esas mismas características, volviéndonos parecidos a esa persona o a esa cosa. La regla aceptada en nuestro mundo actual es: «paga con la misma moneda». El mensaje es que si el mundo es injusto, nosotros también debemos actuar de la misma manera.

«La dificultad de ser bueno», el título que eligió para su libro el escritor e intelectual indio *Gurucharan Das*, resulta muy adecuado. Intentar actuar de forma buena y honrada en todas las circuns-tancias es indudablemente difícil; no obstante, ¿no son siempre difíciles los logros? Además, «bueno» no es un superlativo. No significa perfecto. Ser el mejor sí que es, por supuesto, una meta que constituye un reto; pero, a pesar de todas nuestras imperfec-ciones y debilidades emocionales, sigue siendo posible ser un buen ser humano si realmente lo queremos. Aunque las mentes tienen los mismos pensamientos negativos en todo el mundo, es posible minimizar y reducir su intensidad. También podemos abstenernos de actuar movidos por pensamientos indeseables y destructivos, aunque sea casi imposible bloquearlos completamente.

Las personas acostumbran a tener problemas. Sin embargo, a veces, mientras están inmersas en ellos, se los transmiten a los demás. Recuerdo uno de los ejemplos de Amma: «Un hombre tenía una fuerte migraña y no paraba de quejarse a toda su familia, incluso a sus amigos y vecinos. Al final del día la cabeza ya no le dolía a él, pero sí a todos los demás».

Es normal que nos sintamos demasiado apegados a nuestras riquezas y posesiones. El más mínimo indicio o duda de que alguien pudiera arrebatarnos o robarnos algo puede crear turbulencias en nuestra mente.

Del mismo modo, las personas también pueden apegarse a sus problemas e ideas.

Una vez leí las siguientes «Reglas de un bebé»:

Si me gusta, es mío.
Si está en mi mano, es mío.
Si te lo puedo quitar, es mío.
Si lo tuve hace poco, es mío.
Si es mío, nunca debe parecer que sea tuyo de ninguna manera.
Si estoy haciendo o construyendo algo, todas las piezas son mías.
Si se parece al mío, es mío.
Si creo que es mío, es mío.

Todas nuestras creaciones son un producto de nuestra mente limitada. Por eso, no van a ser absolutamente perfectas; pero si estamos demasiado apegados a nuestro plan, a nuestro «bebé», estamos siguiendo las «reglas de un bebé». En ese estado mental de excesivo apego, no seremos capaces de escuchar los comentarios y sugerencias que hagan los miembros de nuestro equipo. No podremos hacerles justicia.

He oído decir: «La vida es injusta, pero ya me voy acostumbrando».

El punto de vista de Amma es diferente. Ella nos dice: «La vida solo parece injusta si la percibimos con los ojos exteriores. Si la observamos desde el interior nos damos cuenta de que la vida siempre es justa, porque la vida es la totalidad, el cosmos. Las personas pueden ser injustas, pero el cosmos tiene que ser justo, ya que está igualmente accesible para todos; sin embargo, debemos permanecer siempre bien anclados en nuestras convicciones profundas sobre los valores de la vida».

El enfoque de Amma es el de no acostumbrarse a los métodos del «injusto» mundo y, en consecuencia, no seguir los pasos de la injusticia. En el mundo pasan cosas insoslayables e inevitables. Vive las experiencias con valor, pero aprende a trascenderlas. Trascender es transformar, transformar nuestras debilidades y limitaciones en fuerzas. De esa manera nos elevamos por encima del injusto mundo y este no puede tocarnos.

Como los principios que subyacen al estilo de gestión de Amma son «ama a todos, sirve a todos, da, perdona y ser compasivo», no hay dificultad alguna para que cualquier miembro de su equipo reciba comentarios sobre su manera de actuar en cualquier momento. La parte más poderosa y atractiva de esa retroalimentación es que, al igual que cualquier otro miembro del equipo, Amma también asume la misma responsabilidad sobre la situación. Si alguien dijera: «Ha sido por mi culpa», la respuesta de Amma sería: «No, tu error es mi error. Quizás no haya prestado la atención que debía a los detalles».

En lugar de aprovechar esas ocasiones para reprender a la persona o al grupo implicado, Amma siempre les dice que en adelante tienen que ser más conscientes y estar más atentos. Les motiva ayudándoles a percibir todo lo ocurrido desde otro punto de vista.

Voy a contar un suceso que ilustra esta idea. Esta experiencia ocurrió mucho antes de la aparición de las tarjetas de crédito.

Nuestro equipo de compras siempre tenía que llevar dinero en metálico para hacer las compras de la sede central de nuestra ONG. El equipo estaba formado por tres jóvenes, entre ellos el chófer, que también era un voluntario residente. En uno de esos viajes de compras todo el dinero, que era una enorme cantidad, se perdió no se sabe cómo. Pudo ser por obra de algún carterista o bien se perdió por el camino. Cuando los jóvenes regresaron, no tuvieron el valor suficiente para enfrentarse a Amma. Tenían miedo de que se enfadara, así que se refugiaron avergonzados en sus habitaciones. Muy pronto otro voluntario fue enviado a buscarlos con el mensaje de que Amma quería verlos. Se sentían, por supuesto, llenos de temor y sentimiento de culpa; pero Amma los recibió con una gran sonrisa. Les pidió que se sentaran a su lado y, acariciándolos, les dijo: «Tranquilos, no os preocupéis. Son cosas que pasan. No tenéis la culpa, así que relajaos. No estoy enfadada en absoluto. Esperemos que el dinero haya ido a parar a una persona que se lo merezca».

Las palabras fueron sencillas y la actitud amable. Las cariñosas palabras de Amma causaron un profundo impacto en el equipo. Para ellos fue como entrar en una habitación con aire acondicionado después de soportar el calor abrasador del sol durante un largo rato. Era obvio que estaban conmovidos y aliviados.

Cuando las cosas se tranquilizaron, Amma les dijo: «Los deslices son normales. No tengo ningún problema en perdonar y olvidar; pero hasta un céntimo es muy valioso para mí. Es como una gota, pero el río está hecho de gotas. Cada céntimo, combinado con nuestros esfuerzos, hay que devolvérselo a la sociedad como nuestra ofrenda dentro de un paquete de ofrendas mucho mayor. Hay tres tipos de errores: los que suceden, los que cometemos y los intencionados. A veces las cosas salen mal aunque estemos atentos y tengamos cuidado. Son errores que suceden.

No lo cometimos consciente e intencionadamente. Pero cuando algo sale mal por nuestro descuido, es una acción inconsciente. La tercera categoría incluye los errores que se cometen adrede o intencionadamente. Estos errores se cometen conscientemente. En los tres casos se darán nuevas oportunidades para mejorar, pero no indefinidamente. Tanto si un error se ha cometido de manera consciente como si no, hay un factor común: la falta de conciencia. No tiene sentido cometer errores si no se corrigen aprovechando las oportunidades que se nos ofrecen. Recordad esto». La retroalimentación de Amma fue muy bien recibida.

Todo el asunto se comunicó de forma amable e inteligente, pero solo después de que el equipo recibiera ayuda para superar la tensión emocional. Ese fue el primer paso. Una vez relajados y con la mente abierta, la atención del equipo se dirigió al siguiente paso. Si se hubiera invertido el orden, no les habría llegado ni una palabra de las enseñanzas, ya que el equipo estaba atrapado en el miedo y la culpa.

Amma dice: «El pasado es un hecho. Aprendiendo de él y teniendo fe en el presente, el pasado nos permitirá entablar amistad con el futuro». De hecho, el futuro es el florecimiento del presente. Todo lo que nos depare el futuro dependerá de lo inteligentemente que manejemos el presente. Por tanto, salgamos de los hechos irreversibles y preparémonos para afrontar el futuro estando en el presente».

Al no entrar en el juego de echar la culpa, que es tan normal en el mundo, Amma resuelve las situaciones sin crear en los demás culpabilidad ni sentimientos de falta de valía. Sus «guerreros» son plenamente conscientes de este enfoque y, por eso, están completamente abiertos a ella. Así no se pasa nunca por alto ningún detalle, ni el más insignificante.

Los expertos en gestión empresarial han observado que en muchas organizaciones uno de los principales obstáculos radica en la forma de dar y recibir la retroalimentación. O bien es inadecuada o bien llega demasiado tarde. De hecho, es muy raro que la retroalimentación se produzca con la frecuencia adecuada. El miedo a la crítica, la falta de confianza, el obcecarse en las propias ideas, la renuencia a enfrentarse a un competidor o el odio profundo a un jefe inmediato pueden ser algunos de los muchos impedimentos para dar y recibir una retroalimentación valiosa en el momento adecuado y con la actitud correcta.

La auténtica retroalimentación no consiste en buscar defectos, sino que respeta y apoya las opiniones de los demás. Además, los comentarios se expresan con total sinceridad. Se trata más bien de un intercambio, una interacción, una comunicación entre dos partes o dos personas maduras. La intención es tomar una decisión correcta que beneficie a la organización. Para que la retroalimentación sea sana y productiva, tanto el que la da como el que la recibe deben adoptar la posición mental de personas que evalúan y ofrecen estrategias a partir de su punto de vista, no la de personas que se hallan en posesión de soluciones absolutas.

Dale Carnegie, un escritor y conferenciante norteamericano que ha diseñado muchos famosos cursos de mejora personal, técnicas de venta y formación empresarial, comentó: «Cualquier tonto puede criticar, condenar y quejarse... y la mayoría de los tontos lo hacen».

Amma tiene una forma excepcional de dar y recibir retroalimentación. Esta forma parte de todo lo que sucede a su alrededor y no se limita solo a las instituciones y los programas humanitarios. Todos los días Amma habla con los responsables de los departamentos, ya sea directamente o por teléfono. Así está siempre al corriente de lo que va pasando. Como receptora,

Amma permanece completamente abierta y escucha todo lo que el emisor tenga que decir. Y cuando llega el momento de exponer sus opiniones, analiza profundamente todas las informaciones recibidas, tiene en cuenta todos los comentarios, sopesa los pros y los contras enfrente de su equipo y se asegura de que no quede fuera ningún factor esencial antes de llegar a una conclusión. No obstante, ella sabe exactamente qué hay que subrayar y qué no, los aspectos que pueden discutirse abiertamente y los que son confidenciales.

Amma dice: «Recuerda, hay dos cosas sumamente importantes: la veracidad y la fuerza interior de guardar secretos. Sé veraz y nunca divulgues un secreto». Ese es un consejo que reciben casi todos los miembros de su equipo.

Aunque Amma gestiona con habilidad todas las instituciones y las actividades humanitarias de nuestra ONG, lo hace de la manera menos pretenciosa. No tiene problema alguno en hablar personalmente con los distintos jefes de departamento, y escucha, se relaciona y recibe comentarios hasta del personal de menor nivel jerárquico. Incluso las personas que se dedican a trabajos de categoría ínfima pueden acercarse sin obstáculo a Amma y exponerle sus problemas y opiniones.

He estado presente en varias ocasiones en que Amma ha tratado determinados asuntos con escolares y recibido sus comentarios. Una vez le pregunté:

—¿Por qué hablas con estos niños sobre asuntos serios como este?

Amma sonrió y me dijo:

—Los niños son más inteligentes que los adultos. Se les pueden ocurrir ideas brillantes y vívidos ejemplos. Nunca subestimes a nadie. El conocimiento del universo se manifiesta por todas partes. La búsqueda no debe tener fin. Llamad a todas las puertas, pues nunca se sabe dónde están las fuentes ocultas. Por fuera puede parecer simple y sin trascendencia; pero al quitar la tapa podemos encontrar dentro todo un tesoro.

La adhesión a unas pautas de trabajo específicas y el exigir estrictamente que todos cumplan las reglas paraliza indefectiblemente a un gerente y el funcionamiento general de una empresa o departamento. La disciplina es esencial, pero una combinación de trabajo y diversión asegura una comunicación abierta. En palabras de Amma: «La vida debe ser una perfecta combinación de disciplina y juego. Sed serios y juguetones. Sed a la vez como una oficina y como un bosque. La disciplina procede del intelecto y el juego de la inocencia. Cuando estos dos factores se combinan, aportan amor y éxito».

Imagina una oficina bien organizada fundida con la belleza y el sentimiento de totalidad de un reconfortante bosque: es algo que podría subirle el ánimo a cualquiera. Hay que crear las circunstancias. Es sorprendente ver cómo hasta los miembros más altaneros y reservados del equipo se abren de repente. La atmósfera convencional de una oficina no anima a los empleados a hablar con naturalidad o a conocerse mutuamente. Creando ocasiones especiales en las que el equipo pueda escapar de las presiones de la oficina y expresar sus talentos naturales, se genera un efecto de liberación y recarga. Si se organizan sesiones como estas de la manera adecuada, emergerá el deseo oculto de jugar, el niño que llevamos dentro, con toda su plenitud y fuerza. Al olvidar nuestro estatus social, oficial y familiar, así como nuestro sentimiento de ser subordinado o superior, nos volvemos iguales, al menos durante un rato. Eso, a su vez, mejora la moral, la creatividad, la productividad y las capacidades comunicativas del equipo. Se estimula así un sentimiento de unidad.

Amma es experta en producir esa combinación. Se sienta con el rector de la universidad, el vicerrector, el director médico, los decanos, los responsables de los equipos de investigación, los ingenieros, los administradores, los ordenanzas, los encargados de los comedores, los camareros, los limpiadores, los barrenderos, los técnicos de los equipos de sonido, los profesionales de otras áreas, los occidentales y los indios, todos juntos. No se clasifica a las personas. Amma no dice: «Solo voy a tratar con los decanos o con el director médico». Valora la humanidad que hay en todos y se mezcla con toda su gente. Cada miembro de su equipo tiene la sensación de que «soy su favorito, realmente me quiere». De ese modo, se elimina cualquier posible bloqueo mental y la persona aplica felizmente todo su potencial en su respectiva área de trabajo, abriéndose así todas las ventanas para dar y recibir la retroalimentación.

Los que saben de la vida y sus misterios están de acuerdo en un punto: hay que estar lleno de corazón al margen de lo que estemos consiguiendo. En realidad es una cuestión de actitud hacia lo que hacemos. Y con un cambio de actitud, haciendo que el trabajo se convierta en una celebración, todo el escenario de la vida cambia.

Cuando Amma viaja por la India y el extranjero, cientos de personas viajan con ella en varios autobuses y otros vehículos. Transportamos nuestra cocina móvil, los utensilios necesarios, grandes ollas, platos, tazas, sillas, el equipo de sonido, etc. Cuando el grupo llega al recinto del programa de cada ciudad, los voluntarios del equipo lo montan todo y empiezan a cocinar por la mañana muy temprano. Es un trabajo que se prolonga hasta bien entrada la noche. Quien visite estas cocinas en los recintos donde tienen lugar los programas de Amma en la India y en el extranjero tendrá una experiencia tangible de cómo el trabajo se puede transformar en una auténtica adoración. Estas cocinas son lugares de celebración.

Las giras por Europa y el Norte de la India tienen lugar al comienzo del invierno. En casi todas las ciudades la cocina se monta en tiendas de campaña fuera de la sala principal; pero el ambiente es de éxtasis, la gente canta y baila. No tienen la sensación de estar trabajando, aunque estén realizando un duro trabajo; pero no hay tensión. Más bien un aire juguetón impregna el trabajo y actúa como un antídoto contra cualquier tensión o negatividad. Si buscas una explicación lógica de esa experiencia tan gozosa: para ser sincero, no la hay.

La gira anual de Amma por Norteamérica empieza todos los años en la tercera semana de mayo. Antes de partir, Amma hace algo especial para los casi tres mil residentes del Centro de la India. Junto con los cocineros y los residentes, hace *masala dosas* (crepes hechas con una mezcla de harina de arroz y de lentejas, rellenas de una pasta espesa de patata, cebolla y especias) y patatas fritas para todos los presentes. Aunque parezca sencillo, si prestamos atención comprobaremos que se trata de una profunda lección sobre la multitarea. Todo transcurre bajo la estricta supervisión de Amma. Todos los utensilios se disponen con suficiente antelación en el auditorio principal. Se montan enormes cocinas de gas, varias sartenes gigantes para hacer los *dosas*, espátulas y recipientes de bronce con aceite hirviendo para freír las patatas.

Nada más acabar las oraciones de la tarde, Amma inicia la fiesta de los *dosas* y las patatas fritas. Junto con los cocineros y los residentes, Amma participa activamente en el proceso de cocinado y, al mismo tiempo, supervisa todos los aspectos de esa tarea, como la cantidad de aceite que se va añadiendo y el mantener la máxima uniformidad posible en el tamaño de cada *dosa* y cada trozo de patata. Se recuerda constantemente que hay que estar atentos para que los *dosas* y las patatas fritas no se hagan demasiado. El auditorio está lleno de niños pequeños, chicas y chicos, mujeres y hombres de todas las edades y de todas las partes del mundo. Algunos hacen *dosas* y otros patatas fritas.

Toda la multitud está deseando participar. El entusiasmo a veces causa pequeños problemas de disciplina, sobre todo entre los niños. Amma les pide cariñosamente que no se acerquen demasiado a las sartenes calientes. Si no hacen caso, levanta ligeramente la voz. Vemos a Amma tratando de calmar a los niños y, al momento siguiente, vuelve la atención hacia los cocineros para darles instrucciones. Y todo eso sucede mientras ella también está haciendo *dosas* o partiendo patatas.

Mayo es uno de los meses más calurosos del verano en *Kerala*, y el auditorio no tiene aire acondicionado. Por tanto, la temperatura del recinto se dispara por el calor del sol abrasador acumulado durante el día además de por el calor, el humo y el fuego que emanan de los fogones de gas, el aceite hirviendo y las sartenes calientes de los *dosas*. La gran multitud empeora aún más la situación. En resumen: el auditorio se convierte en un verdadero horno; pero el ambiente es de tal regocijo y fiesta que en realidad el calor no le importa a nadie.

A medida que se va haciendo la comida, Amma empieza a servirla. Cada uno recibe un par de *masala dosas* y una buena ración de patatas fritas. Amma se la da personalmente a cada residente, incluidos los niños pequeños. Mientras sirve la comida sigue vigilando meticulosamente cada detalle. Así, si observa que un plato tiene menos patatas fritas o que un *dosa* es un poco más pequeño que el anterior, Amma se da cuenta y devuelve el plato para que pongan más. En consecuencia, tanto la cantidad como la calidad se controlan y se cuidan minuciosamente. Los niños, los chicos y las chicas, las personas mayores y los que padecen problemas digestivos u otras enfermedades tienen platos separados, dependiendo de su edad y su apetito. Así se asegura que no se desperdicie nada.

Esta política antidespilfarro es normal en todas las instituciones de Amma. «Cero residuos» es uno de los lemas preferidos de Amma. Al igual que las demás áreas administrativas o de gestión, esta área también recibe su constante atención personal. Amma dice: «Recordad siempre a los millones de personas que viven acuciados por la pobreza y el hambre. Pensad en su sufrimiento, en sus tristes caras. Cuando malgastas aunque solo sea un bocado de comida, les estás privando de lo que realmente merecen. Y cuando tomas más de lo que necesitas, en realidad estás robando lo que legítimamente les pertenece».

Cuando está a punto de acabar esta «fiesta de los *dosas* y las patatas fritas», Amma dirige a todos en algunas canciones. En una situación normal, estar miles de personas amontonadas en un lugar repleto, casi todas ellas bañadas en sudor por el calor, se consideraría un sufrimiento físico. Sin embargo, aquí todos y cada uno —al margen de su edad, género, cultura, fe religiosa, nacionalidad o lengua— disfrutan plenamente de la experiencia. Es un ambiente verdaderamente festivo en el que a nadie le molestan las incomodidades.

Cocinar para miles de personas, mantener la calidad y la cantidad y servir, todo ello en el mismo lugar, no es una tarea fácil de dirigir; pero aquí se ve cómo el trabajo se convierte en una adoración, en una celebración. Las personas rebosan alegría. Es como contemplar la danza más encantadora.

Todo ello se puede resumir en una sola frase: «Así es el corazón».

La lección es que cuando hagamos *dosas*, patatas fritas o pizza es importante ser un buen cocinero. Cuando estemos con nuestros hijos, hay que ser un buen padre o madre. Cuando hablemos, ser un buen orador; pero cuando hablen los demás, dejarles hablar y ser también un buen oyente. Y cuando estemos en la oficina, ser un gerente de primera, analizando la gestión en el nivel micro y en el nivel macro. En eso no hay nada nuevo, sobrehumano ni milagroso. Justo así es como hay que gestionar la vida, y eso es exactamente lo que Amma hace.

Un rico fue a ver a un gran maestro. Delante de la casita del maestro había un jardín, y un hombre lo estaba cuidando. El rico le preguntó:

—¿Me puede decir quién es usted?

—Es evidente, ¿no? Soy un jardinero —respondió

El rico dijo:

—Ya lo veo. He venido a ver a su maestro.

—¿Qué maestro? Yo no tengo maestro.

El rico pensó que era inútil hablar con esa persona y para acabar la conversación le preguntó:

—Pero esta propiedad es de usted, ¿no?

—Tal vez —respondió.

El hombre entró. La casita estaba algo lejos de la verja de entrada. Tenía abierta la puerta delantera, y allí dentro se encontraba el jardinero sentado tranquila y relajadamente.

El rico, sorprendido, le preguntó:

—¿No es usted la misma persona que he visto en la puerta principal, o es su hermano gemelo?

—Tal vez —respondió el jardinero.

El rico preguntó:

—¿Quién es ese que está cuidando el jardín?

—¿Quién va a ser? Un jardinero.

Viendo la confusión del rico, el maestro le dijo:

—No hay necesidad de hacerse un lío. No has visto a dos personas idénticas, sino a la misma persona haciendo dos tareas distintas. Soy jardinero cuando trabajo en el jardín y soy maestro cuando enseño a mis alumnos. A veces juego al golf y entonces soy un golfista perfecto. Haga lo que haga, me convierto en eso.

Eso es exactamente lo que Amma quiere transmitirnos cuando dice: «Despierta al niño interior». Un niño siempre permanece íntegro, moviéndose de momento en momento.

Cuando la energía pura del amor despierta al niño interior, nunca se pierde la paciencia. Un niño que está aprendiendo a andar nunca se rinde. Por mucho que se caiga, nunca pierde la determinación y la fe. Después de cada caída, adquiere más fuerza y vuelve de nuevo a la acción.

Capítulo doce

Una «pirámide de la fortuna» diferente

Hace poco leí un artículo escrito por Justin Fox, director editorial del grupo Harvard Business Review y columnista especializado en economía y negocios de la revista «Time Magazine». Aunque era un artículo breve, estaba bien escrito y con buen gusto. Adoptaba la forma de una fábula. El autor hablaba de su encuentro con el experto en gestión C. K. *Prahalad*, ya fallecido.

Un mes antes de la muerte de CKP, el autor había concertado una cita con él en Nueva York. Mientras hablaban durante la comida, Justin Fox fue tomando notas resumidas de las ideas que CKP le iba exponiendo. Un día en que el escritor estaba ordenando su mochila tras la desaparición del experto en gestión, encontró en el fondo varias páginas de garabatos con las notas que había tomado durante aquel almuerzo. El autor del artículo, Justin Fox, recapitulaba los pensamientos de C. K. *Prahalad* con las siguientes palabras:

«En la década de 1850 una máquina de coser costaba más de cien dólares. Como el promedio de ingresos de una familia estadounidense era de unos quinientos dólares al año, ese precio la ponía fuera del alcance de la mayoría. Después, en 1856, la compañía I. M. Singer introdujo un sistema de venta a plazos por el que los compradores podían pagar las máquinas a lo largo del tiempo. Las ventas se triplicaron el primer año. Singer se convirtió en la primera empresa estadounidense de importancia mundial, y sus clientes a plazos vieron como sus vidas mejoraban y se enriquecían. Lo resumió en este aforismo: "Si lo haces para los pobres, los ricos pueden venir. Si lo haces para los ricos, los pobres no pueden venir"». Eso es lo que él denomina «fortuna en la base de la pirámide», un innovador modelo de negocio. En esencia, el modelo de negocio que presentaba consistía en «generar dinero ofreciendo productos para los más necesitados del mundo». Rememorando el libro de *Prahalad* «La fortuna en la base de la pirámide», el artículo de Justin Fox se tituló «La fortuna en el fondo de mi mochila». El título del artículo era un juego de palabras con el título del libro de *Prahalad* e indicaba el valor de las notas garabateadas que Fox había encontrado perdidas en su mochila.

¿Es correcta la afirmación del experto sobre la importancia de producir para los pobres para que los ricos puedan venir?

El enfoque de Amma es muy diferente. Ella transforma a los ricos para que puedan servir a los pobres. Amma dice: «Si los ricos de este mundo adquieren una actitud compasiva, eso beneficiará tremendamente a los pobres. Como los ricos poseen una inmensa riqueza y los recursos necesarios, si se produce en ellos una transformación sin duda estarán dispuestos a ayudar a las personas que sufren». Amma genera esa transformación en «los que tienen» y a través de ellos ayuda a «los que no tienen».

Amma dice: «Hay dos tipos de pobreza en el mundo. Una es la pobreza de amor y compasión. La otra es la pobreza de ropa, alimento y cobijo. Si adquirimos amor y compasión, empezaremos a dar de forma natural comida, cobijo, ropa, etc. a los demás, y así los salvaremos. Por tanto, la pobreza de amor es el mayor enemigo y debe ser erradicado». El principal objetivo de Amma al relacionarse con las personas y abrazarlas es despertar el amor puro y la compasión que se hallan en su interior.

Basándose en los descubrimientos de los sabios antiguos, Amma también ofrece un modelo de «pirámide de la fortuna». Esta pirámide asciende a un nivel mucho más alto de «fortuna», una fortuna que da riqueza interior, cosa que ninguna fortuna exterior puede proporcionar. Una característica extraordinaria de este modelo supremo es que nos proporciona una alegría y un contento incalculables, aunque no poseamos nada. Otra gran ventaja de adquirir esta «fortuna» es que transforma tanto nuestros éxitos como nuestros fracasos en momentos de celebración.

No lo malinterpretéis pensando que este modelo producirá pérdidas, fracasos y quiebras. No es así. Por el contrario, nos llevará a la cima tanto material como espiritual.

También hay una «fortuna» en la base de este modelo piramidal. Amma dice: «Al igual que una pirámide, la vida humana tiene cuatro lados: *dharma, artha, kama* y *moksha*; es decir, la búsqueda de la virtud, la búsqueda del dinero, la búsqueda del placer y la búsqueda de la liberación». Estos cuatro componentes son la verdadera piedra angular de la vida, pues son esenciales para la supervivencia del individuo. Ganad dinero y disfrutad de placeres, pero de acuerdo con la ley del universo, el *dharma*. Vivid en armonía con esa ley. Eso os llevará a la felicidad perdurable y a la libertad total. Comparad los dos modelos. Veréis que el recomendado por los antiguos sabios es muy superior, ya que junto a las ganancias materiales también logramos un estado mental imperturbable y pacífico.

Ron Gottsegen era un exitoso y consolidado hombre de negocios estadounidense cuando conoció a Amma en 1987, durante su primera visita a los Estados Unidos. Era el fundador de una empresa llamada Radionics, que fabricaba sistemas de alarma digitales. De hecho, él fue el inventor del primer sistema de seguridad electrónico programable. En sus propias palabras: «Yo ya había satisfecho la necesidad de probarme a mí mismo, de forma independiente y sin necesidad de recurrir a la familia. Los negocios ya no constituían un desafío. El éxito económico me había llegado rápido y fácilmente a pesar de que no era mi objetivo, y ese éxito económico no cambió mi estilo de vida. Había buscado una expresión creativa en el proceso de levantar una empresa de calidad que estuviera en una posición reconocida de liderazgo en la industria. Mis relaciones sentimentales nunca fueron satisfactorias y siempre constituyeron una fuente de inquietud para mí, hasta el punto de que prefería la soledad. No estaba emocionalmente maduro, ya que no entendía mi verdadera naturaleza. Llevaba divorciado quince años y había sido el principal cuidador de dos niños desde que tenían once y trece años respectivamente».

Conocer a Amma fue el inicio de una gran transformación para Ron. Su vida se fue desarrollando poco a poco hasta que llegó a un punto de comprensión. Dice: «Supongo que mi destino estaba escrito de antemano, pero siento que los primeros cuarenta años de mi vida me llevaron a un punto en el que comprendí que los valores materiales convencionales y los aparentes brillos de la vida carecían de atractivo».

Es mejor dejar al propio Ron contar el resto de la historia: «Nunca fui capaz de penetrar profundamente en una mayor comprensión de las cosas, sanar las antiguas heridas mediante la consciencia ni transformar los patrones habituales de pensamiento y acción en un estado firme de calma centrada; pero durante los siguientes veintiséis años de mi relación con Amma he sido capaz de profundizar en mi comprensión, romper los patrones antiguos y reforzar los positivos. Lo más importante es que el servicio amoroso a las causas de Amma es lo que ha resultado más transformador, ya que ha hecho que mi intuición sea más profunda y permitido que se manifestara la sabiduría. A medida que mi fe y mi convicción se volvían más sólidas, mi fuerza interior fue creciendo hasta alcanzar un estado final de dicha. Personalmente, me encuentro en un período muy productivo. No sé lo que me reserva el futuro, pero no me importa, pues siento de forma tangible que voy a favor de la corriente. Siempre estaré agradecido por lo que tengo y por lo que sigo recibiendo».

Nuestro anhelo de ganar más y más dinero, esta ansia insaciable, es una señal de nuestro sutil deseo interior de abrirnos cada vez más. Aunque se expresa como deseo de adquirir riqueza, en realidad revela la naturaleza de nuestro Ser, que es la felicidad misma. Buscamos la felicidad fuera, cuando realmente está adentro. De ese modo, nunca seremos verdaderamente felices con los logros materiales que obtengamos.

El dinero y la felicidad pueden coexistir en paz. Ninguno de los textos religiosos, de las escrituras, ha estado nunca en contra del dinero. Esta idea se desarrolla gráficamente en una de las principales *upanishads*, la *Taittiriya Upanishad*. El texto habla de obtener cuatro cosas: riqueza, pureza mental, conocimiento y alumnos.

Aunque la riqueza aparece en el primer lugar de la lista, la *upanishad* dice: «Después dame a *Lakshmi Devi* (la diosa de la prosperidad)». La palabra «después» significa implícitamente «después de conseguir la sabiduría». El dinero solo debe llegar tras alcanzar el conocimiento del *dharma* —el código de rectitud— pues, de lo contrario, nos conducirá a la ruina y el mal. Un problema importante, sobre todo en los países ricos, es que la gente no sabe para qué utilizar y para qué no utilizar el dinero. Esta escritura nos da una clara orientación sobre ese asunto.

El orden expuesto tiene un significado. Primero obtener riqueza, porque el dinero es necesario para vivir y actuar en nuestro medio. Y el consejo sobre la riqueza es que hay que utilizarla por el bien de la sociedad. Pero hay que adquirir una comprensión correcta, sabiduría, sobre el modo de utilizar el dinero para los fines correctos. Utilizar la riqueza desinteresadamente, para la mejora de la sociedad, nos lleva a tener una mente pura. Con esa mente pura hay que obtener el verdadero conocimiento sobre la vida, sobre la meta más elevada de la vida. Y después, por último, enseñar a los demás a conservar la tradición de rectitud, el *dharma*.

El conocimiento del *dharma* es lo que hace que Amma sea una líder inconfundible. Su política consiste en «devolver a la sociedad cada céntimo que hemos recibido. Devolverlo con el máximo interés. Eso nos mantiene siempre llenos». Ella es fiel a sus enseñanzas. Hasta su cuerpo físico se ha convertido en una ofrenda a la sociedad. En sus propias palabras: «Un día el cuerpo perecerá. Por eso, en lugar de dejarlo oxidarse sin hacer ninguna buena acción por el bien de la sociedad, prefiero que se desgaste ofreciéndome al mundo. La mayor tragedia no es la muerte, sino dejar que se oxiden nuestras capacidades por no utilizarlas. Como todo es un regalo del universo, en realidad no podemos atribuirnos nada. A lo sumo podemos devolvérselo al universo de modo que nuestro cuerpo, mente, intelecto y riquezas se conviertan en herramientas útiles para servir a la humanidad en conjunto».

La desaparecida Yolanda King, hija de Martin Luther King Jr. y directora del Centro Martin Luther King Jr. en Estados Unidos, era una gran admiradora de Amma. La veía de esta manera: «Lo que más admiro de Amma es que no solo dice palabras bonitas y es una encarnación del amor incondicional, sino que expresa ese amor en la acción. Predica con el ejemplo. Amma es el cambio que ella desea ver en nuestro mundo».

Capítulo trece

El poder del respeto

Como el fuego está cubierto por el humo y el polvo no deja ver el espejo, como el embrión descansa en las profundidades del útero, la sabiduría está oculta por el deseo egoísta.

Bhagavad Gita

Ni el fuego ni el agua ni el viento pueden destruir la bendición de las buenas obras, y las bendiciones iluminan el mundo entero.

Buda

Algunas personas son recordadas por su crueldad y por sus acciones inhumanas, mientras que otras son recordadas por su valor y su patriotismo inquebrantables. Un puñado son recordadas por ser un ejemplo de buenas cualidades para el liderazgo; pero son muy raras las recordadas como luces que guían el mundo por el círculo virtuoso que siguen creando, por su actitud intrépida y su amor sin fisuras a la humanidad. Ni los seres humanos ni el paso del tiempo podrán destruir su fama y su esplendor.

Como lo expresa acertadamente la *Bhagavad Gita*:

La persona excelente es la que es ecuánime con los bondadosos, los amigos, los enemigos, los indiferentes, los neutrales, los odiosos, los parientes, los justos y los injustos.

Causar un impacto duradero en el corazón de las personas y dejar un legado de respeto e inspiración a las generaciones futuras no es un camino de rosas. Si hubiera sido un camino fácil, muchos lo habrían recorrido alegremente; pero ese camino es un modo de vida austero. Más que a momentos de éxito y felicidad, nos expone a fracasos y críticas. Las mentes mediocres no entienden a las personas de mente tan abierta y tolerante. Esos brillantes ejemplos siempre han tenido que pasar por situaciones humillantes; pero sus convicciones sobre la vida y el sistema de valores que profesan son tan firmes e inquebrantables como una inmensa montaña. Por eso, cada reto que tienen que afrontar hace más profunda su fe y fortalece sus acciones, lo que les permite cumplir la misión que han asumido.

Amma dice: «La educación, la adquisición de conocimientos, la ciencia y la tecnología pueden ayudarnos a avanzar hasta niveles inimaginables; pero si el resultado es una generación mental y emocionalmente inmadura, sin sentido del discernimiento ni respeto, podría ser realmente catastrófico. Si me preguntáis: "¿Qué es más importante, los derechos o el respeto?", mi respuesta sería: "Lo más importante es reivindicar los derechos respetuosamente". Defender nuestros derechos sin mostrar respeto a los demás solo conseguirá aumentar nuestro ego. Si reivindicamos los derechos con respeto, nuestro amor, comprensión y confianza tenderán un puente hacia los demás. Al acercarnos a los demás con un respeto firmemente establecido en una profunda comprensión y aceptación de las diferencias mutuas, nuestras comunicaciones se convertirán en verdaderos diálogos».

En el año 2001 un terremoto asoló la zona occidental de *Gujarat*, en la India. Murieron veinte mil personas y la mayor parte de los supervivientes perdieron sus hogares. Nuestra ONG respondió adoptando tres pueblos de una zona apartada llamada

Bhuj. Cuando llegamos, las personas tenían miedo de que in-tentáramos influir en su cultura, religión y modo de vida. Les explicamos pacientemente que queríamos reconstruir sus pueblos exactamente como ellos dijeran. Acabamos construyendo mil dos-cientas casas para los damnificados, así como templos, mezquitas, iglesias y otros espacios de culto.

Tres años más tarde, el tsunami de 2004 en Asia del Sur inundó la zona donde se encuentra la sede central de nuestra ONG, junto al mar Arábigo. En cuanto los habitantes de *Bhuj* se ente-raron, centenares de ellos dejaron a un lado todas las diferencias culturales y religiosas y acudieron rápidamente para ayudarnos a socorrer a las víctimas. Cuando los periodistas les preguntaron por qué habían hecho aquel largo viaje desde el Norte hasta el Sur de la India, respondieron: «Cuando nos tocó enfrentarnos al sufrimiento y a la pérdida, la ONG de Amma acudió sin tratar de cambiar nuestra cultura, religión o forma de vida. Nos dieron compasivamente lo que les pedimos. Siempre estaremos en deuda».

Si los comparamos con la gente de *Kerala*, los habitantes de *Bhuj* tienen tradiciones, hábitos alimenticios y estilos de vida completamente distintos. El hecho de que nuestra ONG respetara y reconociera sus tradiciones les inspiró para devolver de todo corazón a la sociedad lo que habían recibido. Desde entonces, cada vez que se ha producido algún desastre natural en la India, estos aldeanos de *Bhuj* llegan al lugar de la catástrofe para ayudar a nuestros voluntarios.

Hemos tenido experiencias similares con algunos grupos tri-bales de *Kerala* y otros estados. Los voluntarios de nuestra ONG fueron a sus aldeas, vivieron con ellos y se ganaron su confianza. También hemos sido capaces de comprender sus problemas y ayudarles a encontrar soluciones. Les emocionó tanto que les ayu-dáramos al tiempo que respetábamos su forma de vida, que ellos también quisieron devolver a la sociedad lo que habían recibido y han empezado a cultivar más verduras y hortalizas para dar de comer a los pobres.

Permitidme que cite de nuevo a Amma: «No basta con darle insulina a un diabético. También tiene que aprender a comer correctamente y a hacer ejercicio para mantener bajo control el nivel de azúcar en la sangre. Del mismo modo, aunque los gobiernos se esfuerzan por reducir la pobreza, no basta con centrarse únicamente en las necesidades físicas de alimento, dinero y cobijo. También hay que darle importancia a alimentar el espíritu. El alimento para el alma es el amor. Donde hay amor, hay un respeto profundo. La causa del noventa por ciento de los problemas del mundo actual es la falta de amor, compasión y perdón. Igual que el cuerpo necesita alimento para crecer, el alma precisa amor para crecer y desarrollarse. De ese amor surge una actitud de veneración. Esa es nuestra única esperanza para el futuro».

Un antiguo fragmento de las escrituras dice:

Matru Devo Bhava, Pitru Devo Bhava,
Acharya Devo Bhava, Athithi Devo Bhava.

Considera a la madre como Dios, considera al padre como Dios, considera al profesor como Dios y considera al invitado como Dios.

Algunas de las compañías aéreas privadas de la India se dirigen a sus pasajeros como «invitados», lo que establece un acogedor tono de bienvenida. Cuando tenemos invitados en nuestra casa, ¿no forma parte de la hospitalidad el tratarlos con amor y respeto? Ahora imaginemos lo siguiente: Tanto si dirigimos nuestro negocio desde un edificio alquilado de oficinas como en nuestro propio edificio, es nuestra casa. Aunque paguemos a los empleados que trabajan en ese edificio, ¿no son en realidad nuestros invitados? Los hemos invitado, aunque en este contexto la tarjeta de invitación se llame «contrato». Si vemos la situación desde este ángulo, ¿no deberíamos tratar a todos nuestros empleados con respeto y amor como parte del trabajo? No estoy proponiendo que haya que organizar espectáculos, diversiones o fiestas todos juntos a diario, ni que los dueños deban mantener todos los días sesiones interactivas personales a corazón abierto con sus gerentes y empleados. Lo que quiero decir es que, en lugar de ver a los miembros de nuestro equipo solo como trabajadores cualificados a sueldo, debemos tratar de valorar su presencia en la empresa. Cada vez que surja una oportunidad, expresar nuestra gratitud por tenerlos en el equipo con una gran sonrisa cordial y unas palabras amables de agradecimiento. Un afectuoso interés por su familia puede causar un gran impacto.

En la vida de Amma veo esto a una gran escala. Incluso en una gran muchedumbre de personas, la he visto expresar su preocupación por la multitud en general y por los enfermos y las personas mayores en particular. Y, poco después de iniciar su contacto personal con cada asistente al programa, lo primero que Amma pregunta a las personas que colaboran con ella es: «¿Os habéis asegurado de que las personas mayores y los enfermos estén bien atendidos? Decidles a los voluntarios que les hagan pasar los primeros. Dadles de comer y pedidles a sus familiares que les den los medicamentos a su hora, especialmente si son diabéticos o hipertensos. También hay que dar preferencia a las madres con niños pequeños». Casi siempre es ella misma la que toma el micrófono y hace estos anuncios. También, cuando hace demasiado calor por el día o demasiado frío por la noche, Amma da instrucciones de inmediato para cubrir la zona y protegerla del sol o para encender estufas si hace demasiado frío.

El antiguo director ejecutivo y presidente de Costco, Jim Sinegal, que fundó la empresa y la convirtió antes de jubilarse en la tercera minorista más grande de Estados Unidos, era muy conocido por su trato justo a los empleados. Creó un modelo que los recompensaba generosamente, incluso cuando sus competidores hacían recortes. Costco es famosa por pagar a sus empleados de almacén salarios superiores a los habituales. Así consiguen una baja rotación del personal, bajos costes de formación y un ambiente familiar en la empresa. No tienen que esforzarse en buscar nuevos empleados, ya que los actuales animan a sus familiares y amigos a incorporarse. El ochenta y seis por ciento de los empleados tiene seguro médico y otras prestaciones, a pesar de que la mitad de ellos están contratados a tiempo parcial, y el salario medio es de diecinueve dólares la hora. Y Costco no ha tenido que hacer ajustes de plantilla durante la recesión. Jim Sinegal afirma: «Es realmente muy sencillo. Es un buen negocio. Cuando contratas buenas personas y les proporcionas buenos empleos, salarios y ascensos, todo va a ir bien. Tratamos de transmitir un mensaje de calidad en todo lo que hacemos, y creemos que eso empieza por las personas. De poco sirve tener una imagen de calidad respecto a las instalaciones o a los productos si no tienes un personal realmente de calidad para atender a los clientes».

Sinegal era un buen ejemplo de humildad. Su oficina estaba en un pasillo de la sede central de Costco en la ciudad de Issaquah, en el estado de Washington. No tenía ninguna puerta que se cerrara, ni siquiera una mampara de cristal entre él y el resto del personal. Cualquiera podía pasar por allí y hablar con él en cualquier momento. También daba de buen grado su teléfono móvil, a diferencia de la mayoría de los ejecutivos, que hacen a la gente llamar a su secretaria para que ella le pase la llamada. Alrededor de Sinegal no había sucesivos niveles de ayudantes. A pesar de dirigir un imperio minorista de setenta y seis mil millones de dólares, era veraz, franco y tenía los pies en el suelo. Su escritorio era una mesa plegable de formica barata (un artículo de Costco). No estaba rodeado de ningún lujo. Pero quizás lo más importante: como valoraba tanto a sus empleados y clientes, escuchaba constantemente sus comentarios sobre cómo podía servirles mejor.

En cuanto a la gestión del tiempo, ¿cómo podemos en la ocupada vida actual encontrar tiempo para mostrar auténtico respeto y afecto a todos los que trabajan con nosotros? Amma es una de las personas más ocupadas del mundo. Trabaja siete días a la semana, trescientos sesenta y cinco días al año. Trabaja día y noche sin tomarse ni un solo día de vacaciones. Incluso después de estar sentada durante horas recibiendo a la gente, cuando se retira a su habitación por la noche todavía encuentra tiempo para leer todas las cartas, hacer una llamada personal a los voluntarios que trabajan en las diversas actividades humanitarias y planificar o discutir nuevos proyectos.

La madurez no tiene nada que ver con la edad; sin embargo, hay una gran diferencia entre ser anciano y envejecer. Somos ancianos cuando resolvemos y disolvemos los malos sentimientos acumulados contra los demás mediante una adecuada reflexión. Cada día dedica algún tiempo a recordar cualquier sentimiento dañado o herida sin sanar que te haya causado alguien, cercano o no. Visualiza mentalmente a esa persona e imagina que estás sosteniendo una rosa con una fragancia maravillosa. A continuación imagina que la belleza de la flor llena tu corazón y tu alma. Con la plegaria «que mi vida se abra como esta flor», ofrécesela a esas personas y diles: «Os perdono. Por favor, perdonadme si os he hecho algo malo».

La sabiduría va apareciendo poco a poco cuando vencemos las emociones negativas al ir asimilándolas. A este situarse por encima del pasado se le llama ancianidad. Entonces es cuando alcanzamos la madurez.

Si esa transición no se produce, solo envejecemos. No obstante, es absurdo esperar tanto para que se desarrollen la sabiduría y la madurez. Si se tiene ese deseo, pueden darse en una etapa mucho más temprana de la vida. Como dice Amma: «Al igual que vamos a la escuela desde preescolar, comemos y dormimos, asimilar y practicar valores tendría que formar parte de nuestra vida». Solo un líder maduro será capaz de mostrar respeto y querer a su equipo. Por tanto, el respeto y el sincero interés por los demás son las dos cualidades principales que debe tener un buen líder. Muchos líderes y gerentes jóvenes tienen ideas brillantes. Poseen una increíble vitalidad y entusiasmo. Cuentan con la capacidad de cambiar el mundo. Pero también deben tener respeto a los demás. Por desgracia, la falta de respeto es lo que distingue a muchos jóvenes.

Amma dice: «En realidad, la juventud es el punto central de la vida. No son niños ni adultos. Los jóvenes tienen una energía inimaginable. Si se canaliza adecuadamente pueden entrenar la mente cuanto precisen y aprovechar la energía infinita de que disponen en el momento presente. Desgraciadamente, la etapa de la vida humana llamada juventud está desapareciendo. En el mundo actual, se pasa directamente de la infancia a la vejez sin madurar. Esa falta de madurez bloquea el desarrollo del amor y el respeto».

Shel Silverstein, escritor, artista, dibujante, dramaturgo, poeta, actor, cantante, ganador de un Grammy y compositor nominado a un Oscar, escribió este bello y breve poema:

«El niño y el anciano»

Dijo el niño: «A veces se me cae la cuchara».
Dijo el anciano: «A mí también».
El niño susurró: «Mojo los pantalones»
«Yo también lo hago», replicó el anciano, riéndose.
Dijo el niño: «A menudo lloro».
El anciano asintió: «Yo también»
«Pero lo peor de todo», dijo el niño, «es que parece que los adultos no me hacen caso».
Y sintió el calor de una mano vieja y arrugada.
«Sé lo que quieres decir», dijo el pequeño anciano.

Capítulo catorce

La ahimsa en acción

*Para mí el mundo entero se divide en dos partes: una es ella,
y allí todo es felicidad, esperanza y luz; la otra es donde ella
no está, y allí hay abatimiento y oscuridad...*

León Tolstoi, «Guerra y Paz»

Mi interpretación de las palabras de León Tolstoi es que «una es ella» se refiere a lo femenino y «donde ella no está» se refiere a lo masculino. Es casi como la imagen de *Ardhanareeswara* (mitad Dios y mitad Diosa, las energías masculina y femenina, el yin y yang) de la fe hinduista.

Desde un punto de vista objetivo, la guerra y la paz son la naturaleza del mundo. Aunque no haya conflicto exterior, hay conflicto interior. El conflicto interior se manifiesta en el conflicto exterior. Es un círculo vicioso. Convertirse en un practicante extremo de *ahimsa* (no violencia) no es práctico. Lo que en realidad necesitamos es una no violencia asequible. Es un principio muy profundo, pero ¿hay alguna manera de poner en práctica esta elegante virtud sin que obstaculice nuestras actividades en el mundo? No queremos que la gente diga: «La idea es buena, pero no es práctica».

Yo diría que el Señor *Krishna* practicó la forma más sensata de *ahimsa*. La guerra librada en el campo de batalla de *Kurukshetra* no se produjo por su elección ni por la elección de los hermanos *Pandavas*. La única responsabilidad de la guerra fue de *Duryodhana* y sus hermanos, aconsejados e influidos por su padre, física y mentalmente ciego, y por su malvado tío *Sakuni*. Dados a las intrigas, utilizaron métodos perversos para arrebatar todo lo que legítimamente les pertenecía a los *Pandavas*. Los echaron del país y hasta trataron de matar en numerosas ocasiones a los cinco virtuosos hermanos.

Cuando los hermanos *Pandavas* regresaron tras pasar trece largos años exiliados en el bosque, se les negó implacablemente su reino y otros privilegios. *Krishna* hizo todo lo posible por establecer la paz entre ellos y evitar así una guerra y la consiguiente destrucción masiva; pero todos sus esfuerzos fracasaron por completo cuando el malvado *Duryodhana* proclamó con arrogancia: «Puedo sacrificar mi vida, mi riqueza, mi reino, todo lo que tengo, pero nunca podré vivir en paz con los *Pandavas*. No les entregaré ni el terreno que ocuparía la punta de una aguja». Trataba de justificar su naturaleza: «Soy lo que los dioses han hecho de mí». De ese modo cerró todas las puertas a la paz y eligió despiadadamente la guerra. Al margen de su riqueza, poder, arrogancia y conocimiento, todos tendrán que cosechar el resultado de sus acciones, y *Duryodhana* lo hizo, sin duda, por medio de su cruel muerte.

¿Podemos hacer algo que no sea luchar cuando se nos niega lo que legítimamente nos pertenece? ¿O cuando alguien está empeñado en destruirnos? ¿O decidido a echarnos a la calle? ¿O nos niega hasta el derecho a la vida? Fuera hace cinco mil años o en el mundo actual, si te maltratan desde todas las direcciones, ¿no debes luchar por defender tus derechos? Nadie que se respete a sí mismo, sea un individuo, una nación o alguno de los países de la comunidad internacional, debería jamás retroceder ante una situación semejante.

El *Mahabharata* ofrece una descripción práctica y convincente de una situación de la vida real. El consejo que le da *Krishna* a *Arjuna* en la *Bhagavad Gita* sobre la necesidad de cumplir con sus deberes de guerrero tuvo lugar en el fragor de la batalla. En ningún otro momento de la historia de la humanidad encontraremos un ejemplo tan brillante de calma en medio del caos.

La guerra del *Mahabharata* estaba a punto de comenzar. De repente *Arjuna*, abrumado por el dolor causado por su intenso apego emocional, dejó el arco y las flechas y se negó a luchar. Recordad que, hubiera elegido *Arjuna* luchar o no, los enemigos estaban decididos a acabar con él, con sus hermanos y con toda su raza. Sobrepasado por la situación, se puso a desvariar. En lugar de cumplir con su deber de proteger a su pueblo y su reino, se puso a filosofar. En ese momento de crisis extrema, *Krishna* tuvo que hacer algo que parecía imposible: ayudar a *Arjuna* a superar la situación, infundiéndole fe y valor para que luchara y ganara la guerra. Nuestras vidas están llenas de desafíos en los distintos ámbitos de actividad que nos pueden llevar a sentir una desesperación similar a la que afrontó *Arjuna*. Por eso es importante contar con un líder como *Krishna*.

Ahimsa significa, por supuesto, no hacer daño a nadie de palabra o de obra. *Ahimsa* es abstenerse de dañar conscientemente a nadie, e incluye tener una actitud no violenta hacia nosotros mismos. Algunos interpretan que incluso tomar una fruta de un árbol es *himsa*, violencia. Si fuera así, comer una fruta madura caída de un árbol también sería *himsa*, porque al comer fruta o verdura también nos comemos las semillas. Y cuando nos comemos las semillas, ¿no estamos destruyendo o dañando todas las plantas que podrían haber crecido a partir de ellas? Aunque no sea de manera consciente, ¿no matamos a innumerables seres vivos cuando caminamos, hablamos, respiramos, comemos o bebemos?

Es raro contar con días de descanso cuando estamos con Amma. Ya sea en nuestra sede de *Kerala* o viajando por otras partes del mundo, la política de Amma es dar el máximo a los demás. Esta ha sido la práctica que ha seguido durante los últimos cuarenta años. Lo que voy a contar sucedió hace unos pocos años cuando estábamos en Suiza. Era una de esas ocasiones especiales en las que disfrutábamos de un día libre. Aquella tarde Amma fue a dar un paseo y algunos la acompañamos. En cierto momento nos sentamos cerca de un huerto de manzanos. El propietario del manzanar también estaba con nosotros.

Era una tarde agradable, clara y soleada. Rodeados por la abundancia de la naturaleza y respirando aire puro, nos quedamos allí sentados, sintiendo el silencio interior. Pasamos así una media hora. Después se inició una breve conversación cuando alguien le preguntó a Amma si había alguna solución para los problemas del mundo actual. Amma dijo:

—En una palabra, «amor». En dos palabras, «amor y compasión». Y si a estas dos les añades una más, «paciencia». Así podemos resolver los principales problemas del mundo. Permitid que estas cualidades tengan un papel primordial en vuestra vida. En realidad basta con practicar una de estas cualidades, todas las demás la seguirán.

Cuando estábamos a punto de levantarnos e irnos, de repente Amma quiso regalar algo a cada uno de los presentes. Como no teníamos nada más, alguien le sugirió que tomara unas cuantas manzanas y las repartiera. Amma se levantó y se dirigió hacia uno de los manzanos. Primero lo tocó y lo acarició delicada y amorosamente. Después, con las palmas de las manos unidas, se inclinó ante él y pronunció estas palabras:

—Por favor, perdóname y déjame tomar unas manzanas...

Dejó que pasaran unos segundos, como si esperara el permiso del árbol, y después arrancó suavemente unas pocas manzanas maduras. Antes de volver a su asiento, Amma se inclinó de nuevo ante él.

Cuando nos íbamos a marchar, Amma tomó unos pétalos y los ofreció al árbol. Después tomó agua de la botella de un miembro del grupo y derramó un poco sobre su base, diciendo:

—Tu voluntad de compartirlo todo con los demás te hace muy hermoso. Que tu ejemplo sea recordado y que todos los que vengan a ti se sientan inspirados.

En una de sus charlas, Amma dijo: «Proteger, conservar y, sobre todo, adorar la naturaleza formaba parte de muchas culturas antiguas. Lo que nos falta es la reverencia, una actitud compasiva única que nuestros antepasados tenían por todas las formas de vida. Esa es una de las principales razones por las que no siempre tenemos éxito en nuestras tentativas de conservar la naturaleza».

La auténtica *ahimsa* es el amor que se desborda en forma de acción compasiva. Hay visionarios en casi todos los ámbitos del conocimiento. Lo que de verdad falta son personas que tengan una «perspectiva visionaria» sobre la vida, una visión más amplia en nuestro trabajo por el bien común.

El liderazgo compasivo no implica «no actuar, mantener la boca cerrada y tragarse todas las humillaciones y las injusticias que recaigan sobre ti o sobre los demás». Se trata, por el contrario, de una actitud intrépida, de una capacidad extraordinaria de permanecer atentos y mentalmente despiertos en todas las situaciones de la vida. La luz de un juicio acertado, el discernimiento y la madurez nunca faltan en un líder compasivo.

Al principio, cuando Amma empezó a recibir a la gente abrazando a todos los que venían a verla, hubo muchas protestas y muestras de desaprobación de los propios miembros de su familia. Desde una determinada perspectiva aquella desaprobación era comprensible, ya que una joven que abrazaba a personas de todas las edades, tanto hombres como mujeres, no era algo que formara parte en absoluto de su cultura. Temían que aquello trajera la vergüenza y un daño irreparable a toda la familia y a todos sus parientes. Una de sus mayores preocupaciones era la posibilidad de que nadie de ninguna familia respetable pidiera en matrimonio a las chicas de la familia.

Cuando fracasaron todos los esfuerzos para que Amma abandonara su «extraño comportamiento», uno de sus primos la encerró en una habitación y, levantando un cuchillo, amenazó con quitarle la vida si no dejaba de abrazar a la gente. Amma mantuvo una actitud imperturbable y no cedió ni un centímetro ante aquella exigencia. Tranquilamente, le dijo:

—Mátame si quieres, pero, pase lo que pase, no voy a cambiar mi modo de actuar bajo ninguna circunstancia. Quiero ofrecer mi vida al mundo, reconfortar y consolar a los que sufren hasta mi último aliento. Me he entregado por completo a esta causa.

Como señaló acertadamente *Mahatma Gandhi*: «Un "no" dicho desde la más profunda convicción es mejor que un "sí" dicho meramente para complacer o, peor todavía, para evitar problemas».

Sea quien sea, cuando alguien muestra un valor y una audacia inquebrantables como estas aunque la muerte le mire a la cara, la persona que está dispuesta a atacarla, por muy malvada que sea, se sentirá de pronto débil e inerme. Al presenciar la fuerza de voluntad de Amma y la firmeza de sus palabras, el primo quedó impresionado y abandonó la habitación completamente desesperado.

Meses más tarde, cuando cayó enfermo, Amma lo visitó en el hospital. Se sentó a su lado, le dio de comer y le dijo unas palabras amables. Él estaba lleno de remordimientos. La visita de Amma y las afectuosas palabras que le dirigió le ayudaron a abrirse. El hombre confesó su error y le pidió perdón. Amma le hizo sentirse contento y en paz. Solo una persona intrépida puede perdonar, y una persona que perdona nunca tendrá miedo. Sinceramente, nadie puede ser buen líder a menos que sea capaz de perdonar. Perdonar es olvidar el pasado.

En este episodio vemos un ejemplo excepcional de perdón e intrepidez. En consecuencia, si el líder es como una potente luz que ilumina toda una ciudad, los seguidores se esforzarán, al menos, por ser como una vela.

Durante el tsunami de 2004, Amma demostró ser una persona carente por completo de temor. Tras producirse el tsunami, cuando hasta los nadadores expertos y los pescadores que a menudo se adentraban en aguas profundas parecían ser presa del miedo, Amma se metió directamente en el agua de la inundación. En cualquier momento podía llegar otra ola, pero Amma no estaba preocupada por sí misma en lo más mínimo. Su única preocupación eran los demás.

Oremos no para que se nos proteja de los peligros, sino para ser intrépidos al afrontarlos.

Rabindranath Tagore

Capítulo quince

Agresividad contra asertividad

La situación de nuestro mundo actual no sería tan desastrosa como lo es si nuestros abuelos hubieran sido lo suficientemente prudentes como para tomar las decisiones correctas. Estamos cosechando el resultado de sus acciones, además del fruto de nuestros propios errores. Dicho esto, también conviene recordar que todo lo que hagamos ahora indudablemente afectará a las generaciones futuras. Es evidente que no estamos dando un buen ejemplo. Muchos no podemos evitar preguntarnos: «¿Qué les espera a las generaciones futuras, a nuestros hijos y nuestros nietos?»

Nuestra alocada arrogancia ya ha causado daños irreparables a la naturaleza y a la humanidad en su conjunto. Dondequiera que vayamos encontramos personas que se comportan como si fueran «los elegidos». El recién nombrado oficial de policía, un joven director a quien acaban de contratar, profesionales, artistas, obreros e incluso buscadores espirituales y líderes religiosos, no faltan personas con la actitud de «¿quién eres tú para enseñarme a mí?».

Según mi observación de la conducta humana, hay tres tipos de personas soberbias en este mundo: las extremadamente soberbias, las diplomáticamente soberbias y las humilde o sutilmente soberbias. Es fácil reconocer a las personas extremadamente soberbias. Lo demuestran sin más, ya que esa es su naturaleza. No se puede hacer mucho al respecto, pero sin duda se pueden tomar algunas medidas de precaución. Tampoco es difícil reconocer a las diplomáticamente soberbias. Justo debajo de la superficie podemos ver el ego dispuesto a saltar. Sin embargo, las personas humildemente soberbias no son fáciles de detectar. Casi siempre llevan una máscara que evita que se las descubra. Su manera de comunicarse, las palabras que eligen, su tono y apariencia exterior rebosan de una humildad que es muy engañosa. Esos personajes son mucho más peligrosos que los que expresan abiertamente su ego. Además, este a menudo es sutil, pero de una intensidad mayor que el de las otras dos clases.

Amma dice: «La arrogancia es como la flor de la mañana. Levanta la cabeza con orgullo y erguida sobre su planta anuncia al mundo: "Miradme. Contemplad mi belleza. Soy la mejor de toda la creación"; pero para la puesta del sol está completamente abatida, agotada y sin nada que decir, y queda con la cabeza gacha antes de caerse de la planta».

El carácter de una persona viene incorporado en su organismo. Algunas de estas fuertes tendencias, patrones de conducta y hábitos nacen con la persona, mientras que otros se desarrollan o cultivan. Para expresarlo en términos científicos: «Está en los genes de la persona». Ante tal situación no hay mucho que pueda hacer sobre ellos un agente externo. La corrección tiene que hacerse desde el interior.

Peter Druker dice: «Para ser capaz de gestionarte a ti mismo, al final tienes que preguntarte: "¿Cuáles son mis valores?". La ética requiere que nos preguntemos: "¿Qué clase de persona quiero ver en el espejo por la mañana?"».

Lo cierto es que un punto débil de muchos administradores competentes es su ciega arrogancia. El verdadero reto es que la persona hace una autoevaluación y ve su actitud arrogante como una ventaja y no como un inconveniente. Un gestor incapaz de controlar su arrogancia pierde a menudo muchas oportunidades maravillosas.

He visto el modo en que Amma maneja a las personas que tienen ese carácter. Hace pocos años, mientras estábamos en el aeropuerto de Detroit (Michigan), conocí a un hombre en una sala de espera. Estaba con su familia. Trabajaba como gerente en una de las multinacionales de Detroit. Se dirigían a *Kerala* (India), en donde había nacido y crecido. Tuvimos una conversación bastante larga, a pesar de que acabábamos de conocernos. De hecho, se trató de un monólogo, ya que casi solo habló él. A medida que avanzaba en su historia, hacía hincapié orgullosa y repetidamente en sus ideas ateas. Tanta insistencia en su inquebrantable ateísmo me hizo pensar que no estaba muy convencido de sus creencias. Debo confesar que, cuanto más hablaba, más rechazo me producía, hasta que llegó a un punto en el que ya no podía soportar su falso orgullo y sus arrogantes afirmaciones. Recordé la cita de Albert Einstein: «Lo que me separa de la mayor parte de los llamados ateos es un sentimiento de absoluta humildad y reverencia ante los secretos inalcanzables de la armonía del cosmos».

Mientras conversábamos, Amma entró en la sala. Una característica excepcional de su personalidad es que, aunque esté en otro país o con personas de otra cultura, no le resulta extraña ninguna situación. De ahí que su entrada no tuviera el más mínimo aire presuntuoso. Como siempre, se mostraba sencilla y natural.

En cuanto «mi amigo ateo» vio entrar a Amma, se le borró la sonrisa del rostro. De pie junto a él pude ver cómo cambiaba su lenguaje corporal y sentir las vibraciones poco cordiales que emanaban de él. Rápidamente dio un paso hacia atrás, pero Amma fue más rápida. Con una sonrisa en la cara, le puso las manos sobre los hombros y le preguntó:

—¿Eres de *Kerala*?

Él me miró y yo le sonreí. Cuando alguien a quien consideras «extraño o raro» muestra que te acepta de una manera natural, es difícil mantenerse a la defensiva. Es como cuando un niño nos sonríe. No podemos evitar sonreírle también, aunque sea el hijo de nuestro enemigo. El hombre parecía algo aturdido por el «inusual comportamiento» de Amma. Así que tuvo que contestar su pregunta:

—Sí, así es.

Otra pregunta siguió a la anterior:

—¿Eres de *Trissur*?

El hombre estaba evidentemente sorprendido de que Amma pudiera reconocer su ciudad natal, y su respuesta llegó en forma interrogativa:

—¿Cómo lo sabes?

—Por tu acento —replicó Amma—. ¿Cuánto tiempo llevas aquí en Estados Unidos?

—Solo cinco años.

Para entonces su esposa y sus dos hijas se nos habían acercado. Amma les sonrió y le preguntó al hombre:

—¿Es tu familia?

—Sí.

Amma llamó a las niñas para que se le acercaran. Las abrazó y las besó en las mejillas. Al verlo, la esposa puso la cabeza de forma espontánea en el hombro de Amma. Ella también recibió un cálido abrazo.

El hombre me miró, pero sus ojos ya no eran los mismos que había visto cuando nos conocimos. Había un cierto brillo en ellos. Resumiendo una larga historia: estuvieron todos sentados con Amma hasta que salieron de la sala para embarcar en su vuelo. Antes de salir de la habitación él también quiso experimentar el abrazo de Amma.

Aquel hombre acabó por quitarse la falsa máscara que había llevado hasta ese momento y resultó ser un oyente muy interesado y concentrado en lo que Amma tenía que decir. Pero, antes de eso, Amma escuchó con paciencia y atención sus creencias ateas, su procedencia familiar y sus relaciones anteriores.

Solo cuando el hombre hubo acabado de hablar, Amma dijo:

—Estoy de acuerdo con lo que has dicho; pero no importan cuáles sean tus creencias: si muestras empatía hacia los menos afortunados, si estás dispuesto a ayudar a los pobres y necesitados, realmente admiro a una persona así. Está bien tener inclinaciones políticas. Sé ateo, pero ten humanidad y fe en los valores humanos. Al igual que todos los partidos políticos auténticos, la espiritualidad también cree en el servicio a nuestros semejantes, a los pobres y a los oprimidos. Es casi imposible no cometer errores; sin embargo, hay que intentar que nuestras inclinaciones y opiniones nos hagan el mínimo daño a nosotros mismos y a la sociedad y beneficien al máximo a ambos.

Hubo un cambio repentino en la actitud del hombre. Se le veía realmente diferente, ya que había perdido la tensión. Mientras salía de la sala, me dijo:

—Conocerla ha sido una verdadera experiencia. Estoy impresionado por su sencillez y su actitud de no juzgar. De hecho, había sido yo el que la había juzgado a ella. Lo siento. Sin duda nos volveremos a ver.

No estoy seguro de que ese cambio haya ejercido una influencia duradera. La idea es que el encuentro produjo un fuerte impacto en ese hombre, que podría ser el comienzo de un nuevo capítulo de su vida. Pero para que pasara eso Amma tuvo que tener antes una actitud abierta y no juzgadora.

He presenciado conversaciones de Amma con personas de mentalidad parecida a la de ese hombre, que a menudo son intelectuales, científicos o no creyentes. Ella escucha todo lo que tienen que decir y solo habla cuando han terminado de expresar sus opiniones. La mayor parte de las veces empieza diciendo: «Lo que dices es correcto. Estoy de acuerdo, pero…» y a continuación expone su opinión sobre el asunto.

Ese es un método sumamente eficaz que cualquier profesional puede experimentar. De hecho, esa técnica hace maravillas. Ten paciencia y deja que la otra persona sienta que estás sinceramente interesado en escuchar. Las personas se abren sin esfuerzo ante Amma porque tienen la sensación de que «aquí hay alguien que valora mis opiniones y comentarios. Ella es la persona adecuada con la que comunicarse y trabajar. Ella me comprende».

Hablad con cualquiera de los profesionales que trabajan en las instituciones de Amma o con el gran número de voluntarios que colaboran en la inmensa cantidad de proyectos humanitarios que lleva a cabo su ONG. Escuchad sus historias. Hay un hilo que une a todas esas personas entre sí: el vínculo personal que mantienen con su líder. Me viene a la mente una cita de Amma: «El amor es nuestra verdadera esencia. El amor no tiene limitaciones de casta, religión, raza o nacionalidad. Todos somos cuentas ensartadas en el mismo hilo del amor». Como el amor es el ingrediente principal, la conexión es espontánea. La relación se desarrolla de forma natural, tan natural que cada persona llega a un punto en el que se da cuenta de que «esto es lo que quiero. Esta relación va a alimentarme el alma y sanarme el cuerpo y la mente».

Todavía me pregunto cómo es posible que Amma atraiga a estos profesionales de todos los ámbitos de la vida y de todo el mundo para trabajar con ella, para servir a la organización. Para mí sigue siendo una pregunta sin respuesta, pero veo que, aunque esas personas no buscan prestigio ni fama, ahora tienen oportunidades que no habrían tenido si hubieran seguido en sus respectivos trabajos y países. En el nombre de *Amrita*, en el nombre de Amma, ahora tienen relaciones con expertos de todo el mundo y, de hecho, se están haciendo conocidos por su papel *Amrita*.

Ellos también ven que Amma es absolutamente íntegra, que no tiene motivos ocultos. La gente tiene la experiencia directa y tangible de que su único objetivo es servir desinteresadamente a la sociedad mediante una distribución equitativa de la riqueza, tanto de la riqueza interior del amor y la compasión como de la riqueza exterior de los recursos. Por eso, toman sin esfuerzo y sin ninguna clase de reticencia la decisión de colaborar con ella.

No quiero decir que no haya problemas. Los problemas técnicos están ahí. Hacen su aparición de vez en cuando, pero siempre se encuentra una solución. Los problemas se resuelven, por lo general, mediante una sencilla reunión o conversación informal. Y, sobre todo, si es necesario, Amma siempre está accesible, a cualquier hora del día o de la noche, actuando como un poderoso catalizador, como un medio que nos conecta a todos. Todas y cada una de las personas de nuestra organización, independientemente de su nivel o cargo, se pone en contacto espontáneamente con Amma. Cualquier tipo de problema que surge se le plantea a Amma y allí se acaba. Ese es el límite, no llega más allá.

Amma es rectora de la Universidad *Amrita*, quizás el único rector accesible absolutamente a todos. Todas las quejas, peticiones y problemas, ya sean personales o profesionales, se le pueden someter directamente a ella.

Cuando hace falta, Amma es asertiva; sin embargo, nunca es ni es agresiva ni arrogante. La agresividad y la asertividad son dos estados mentales diferentes. En nuestras relaciones cotidianas con el mundo oímos a la gente decir: «Solo estaba siendo asertivo»; pero si nos fijamos bien vemos que, en realidad, estaban siendo beligerantes y agresivos, no asertivos.

Un comportamiento agresivo normalmente tiene motivaciones ocultas, un objetivo personal que conseguir. Demuestra presunción más que confianza en uno mismo. La asertividad es un rasgo que demuestra la confianza de una persona en sí misma, nacida de la experiencia. En otras palabras, una actitud agresiva es la expresión exterior de un ego inmaduro. Por el contrario, la asertividad supone un ego más maduro. La agresividad es, sobre todo, una actitud no receptiva ni amigable. La asertividad refleja una mentalidad cultivada y armónica. Hay una enorme diferencia entre ambas. La primera muestra poca consideración hacia los demás: «Cualquiera que sea la meta, quiero vencer y ganar. No me importa si tú consigues algo o no. Y punto».

Por el contrario, una persona asertiva toma en consideración educadamente las opiniones e ideas de los demás. Eso se puede manifestar con un nivel de intensidad bajo, medio o alto. Del mismo modo, en función de la madurez y la comprensión de cada persona, la agresividad también tiene grados de intensidad mínimo, mediano y máximo.

Según mi experiencia, Amma es una líder única, delicadamente firme y asertiva a la vez que compasivamente receptiva. Diría que es «dura como un diamante y suave como una flor». Fluye como un río y permanece firme como una montaña. Posee una habilidad especial, más allá de toda comparación, para establecer contacto con las personas tanto interior como exteriormente. Al referirse a sus abrazos, Amma dice: «No es simplemente un abrazo físico en el que solo se encuentran dos cuerpos; es un verdadero encuentro de corazones». Esta comunicación de corazón a corazón es la clave para establecer el contacto.

Rara vez vemos a Amma adoptar una actitud enérgica; pero cuando se produce un desastre, cuando la situación es crítica, Amma intensifica su flujo de energía. En esos momentos ella deja que se imponga su energía asertiva. Cabe señalar, sin embargo, que Amma controla su velocidad de aparición y no deja nunca que la energía de la agresividad entre en juego ni que la domine a ella ni a su equipo.

Para mí y para miles de personas que en todo el mundo sirven a la sociedad bajo el liderazgo de Amma, estas «situaciones con niveles elevados de energía» nos mantienen inmersos en oleadas de vibraciones positivas y de tremenda inspiración. No sería realista decir que esos momentos están completamente desprovistos de tensión; no obstante, hasta en medio de estas tareas frenéticas Amma es capaz de crear una sensación de profunda satisfacción y exaltación en el corazón de los integrantes de su equipo. Todos actúan movidos por la inspiración y el amor, no por la fuerza o el miedo. Por eso, aunque el cuerpo se sienta cansado, la mente y los niveles de entusiasmo están en llamas.

Amma tiene distintos modos de gestionar las situaciones. Dependiendo de las circunstancias y la predisposición, así como de la cultura y el carácter de las personas involucradas, adopta el plan más adecuado para concluir el trabajo con la máxima eficacia, competentemente y en el menor tiempo posible. A diferencia de otras ocasiones en las que Amma inicia procesos detallados de discusión, los periodos de crisis y desastres los gestiona y los maneja de un modo completamente diferente. Amma asume todo el control de la situación. Todas las instrucciones proceden de ella, que, incansablemente, dirige la planificación y la ejecución, prescindiendo de la comida y el descanso. Ella es experta en sistemas de gestión de alta, media y baja velocidad. También sabe cuándo debe mostrarse firme.

Después de las inundaciones de *Raichur* (*Karnataka*) del año 2009, nuestra ONG se comprometió a construir dos mil viviendas como parte del proceso de rehabilitación.

El 27 de noviembre, el MAM anunció una ayuda para tareas de emergencia y rehabilitación por valor de quinientos millones de rupias (10,7 millones de dólares) para los damnificados por las inundaciones. Amma envió un equipo para evaluar la devastación. Volvieron con el nombre de un pueblo que ningún grupo se había ofrecido a ayudar. Amma se ofreció para rehabilitarlo. Así fue cómo comenzó la construcción de mil viviendas en *Dongrampura* (distrito de *Raichur*) con sus calles, parques, electricidad, agua y un centro comunitario.

El 16 de enero de 2010 un equipo de catorce voluntarios llegó a *Raichur* durante un eclipse solar. Aunque según la tradición local no hay que mirar el sol ni caminar fuera de las casas durante un día de eclipse, los voluntarios de Amma recorrieron la zona sin dudarlo, visitaron el lugar propuesto y se reunieron con los distintos funcionarios del distrito. Al día siguiente concluyeron todos los trámites burocráticos y ese mismo día se iniciaron las colosales tareas de construcción.

Amma había dado las siguientes instrucciones al equipo: «Acabar la tarea rápidamente. Súper velocidad…». El equipo tomó la palabra «velocidad» como su *mantra*. Trabajaron literalmente sin descanso, aunque la temperatura llegó a alcanzar los cuarenta y tres grados. La mitad del día no tenían agua corriente ni electricidad. Desafiando estas condiciones hostiles, los voluntarios construyeron las primeras cien casas en veinte días. Habían cumplido el sueño de su líder de dar alivio urgente a los que se habían quedado sin hogar por las inundaciones.

Ese milagro de la construcción de las viviendas batió todos los records. En el nivel estatal, el logro asombró a los funcionarios electos y a los profesionales, desde los tenderos hasta los profesores y los estudiantes. El gobierno creó una presentación en PowerPoint de esta increíble hazaña para inspirar a otras ONGs.

Acudieron en masa a comprobarlo con sus propios ojos. Aparecieron artículos llenos de alabanzas en los periódicos. Ministros del gobierno y altos funcionarios rindieron homenaje a la proeza desde plataformas públicas.

El Primer Ministro de *Karnataka* explicó a todos cómo se había producido el compromiso del MAM con la administración: «El 15 de enero el MAM firmó un convenio con el gobierno, y en veinte días la organización de Amma había terminado cien casas cuyas llaves me fueron entregadas. Le estoy agradecido a Amma. Esto inspirará a otros donantes a completar sus proyectos con el mismo celo y urgencia».

Las llaves de doscientas cuarenta y dos casas más le fueron entregadas el 4 de agosto de 2010 al agradecido primer ministro del estado de *Karnataka* durante el programa de Amma en *Bangalore*. Se siguieron batiendo records una y otra vez. En este momento están acabadas casi todas las mil casas asignadas en los tres emplazamientos.

¿Es superior el liderazgo compasivo? Yo diría que sí, puesto que los líderes compasivos asumen la responsabilidad de ayudar a los demás sin que se les pida. No tiene obligación de hacerlo, pero es su naturaleza y no pueden actuar de otro modo. Están desprovistos de interés personal y no temen hacer lo que hacen por el bien de la sociedad, los pobres y los necesitados. Carecen de cualquier ambigüedad sobre su misión en la vida. Ante todo, no tienen expectativas ni intereses creados. Simplemente consideran que ese servicio es su responsabilidad. Así es Amma. Piensa menos en sí misma y más en los demás seres vivos. Tiene una comprensión profunda de la vida y el corazón humano y puede manejar sin esfuerzo cualquier situación, ya que carece de ego.

Amma es la clase de líder/gerente que se presenta en el terreno de trabajo arremangándose y dispuesto a hacer cualquier cosa.

Traspasando todas las barreras, esa figura de metro y medio que es Amma, nacida y criada en una aldea remota del Sur de la India, ha generado una revolución en el sistema convencional. Amma le ofrece al mundo una nueva y más profunda dimensión del amor, el modo en que hay que expresarlo, su poder de transformación y lo esencial que es para la vida humana.

Nadie le ha pedido a Amma que sirva a la sociedad, que ayude a los pobres y necesitados, que se siente durante horas y horas a escuchar a la gente y que emprenda proyectos humanitarios de dimensiones colosales. Lo hace porque para ella es como respirar. Y nos hace sentir que, realizando unas pequeñas correcciones y ajustes, todos podemos hacer lo mismo.

Aléjate de las personas que menosprecian tus ambiciones. Las personas pequeñas siempre hacen eso, pero las realmente grandes te hacen sentir que tú también puedes llegar a ser grande.

Mark Twain

Capítulo dieciséis

Convicción inamovible y decisión instantánea

Nuestra compasión humana nos une a unos con otros, no en la lástima o en la condescendencia, sino como seres humanos que hemos aprendido a transformar nuestro sufrimiento común en esperanza para el futuro.

Nelson Mandela

Amma ha llevado a cabo acciones de servicio a gran escala en toda la India y el extranjero. Sin embargo, lo que sigue representando mejor su competencia y habilidad en la acción es el tsunami que afectó el Sudeste Asiático en 2004. Todo el proceso de evacuación, ayuda de emergencia y rehabilitación fue completamente gestionado por Amma sin olvidarse de un solo detalle. Su actuación en catástrofes muestra cómo responder concienzudamente ante una emergencia. Es una gran lección de gestión en situaciones de emergencia, gestión de recursos, gestión financiera, gestión del tiempo, toma intuitiva de decisiones y, lo más importante, gestión de una gran multitud de personas.

El tsunami de 2004 mató a miles de personas en el Sur de la India, Indonesia, las islas Andamán y Nicobar y *Sri Lanka*. Las cualidades de liderazgo proactivo de Amma, con su toque innato de compasión y trato justo, fueron evidentes en todo momento. Costó casi dos años completar todo el proceso de rehabilitación.

175

Durante ese tiempo Amma no solo supervisó las actividades del MAM relacionadas con el tsunami. También supervisó simultáneamente los aspectos micro y macro de todos los proyectos humanitarios y educativos de su ONG.

Fue algo repentino. En un abrir y cerrar de ojos las olas gigantes se lo llevaron todo. Al principio las olas retrocedieron más de un kilómetro hacia el interior del mar, una hermosa panorámica que dejaba a la vista la arena blanca y brillante que hay bajo las aguas marinas. Parecía que toda la playa estaba cubierta de diminutas perlas blancas. Cientos de residentes de nuestro Centro y de poblaciones vecinas se agolparon para presenciar aquel maravilloso espectáculo; pero cuando Amma se enteró de ese espectáculo inusual, supo que no era una buena señal. Ordenó a todos que regresaran de inmediato al Centro y dio instrucciones para que las miles de personas allí reunidas subieran a los pisos más altos de los edificios. En unos pocos minutos se levantaron olas gigantescas, tragándose casas y personas inocentes, incluidos niños y mujeres. En un momento todo lo que había allí desapareció, quedando en el olvido.

Amma dejó de inmediato de recibir a la gente e inició el proceso de evacuación. Se envolvió en un chal amarillo, bajó y vadeó las aguas que lo inundaban todo, dando instrucciones a miles de personas, tanto residentes como aldeanos que venían corriendo a la sede de la ONG con la esperanza de encontrar un refugio seguro. Era una escena de pánico total y máxima confusión. Madres con sus bebés, niños y niñas buscando a sus padres, ancianos, enfermos, discapacitados... parecía algo abrumador e inmanejable.

En una situación así, en que la gente se encuentra en un estado de desconcierto absoluto, solo puede funcionar una inteligente gestión unipersonal a cargo de alguien equilibrado y sensato. El proverbio «demasiados cocineros estropean el caldo» podría aplicarse perfectamente a una situación como esa. Desde el punto de vista de la gestión, podríamos calificarlo como «liderazgo autocrático o autoritario». Ese estilo de gestión tiene sus pros y sus contras. Sin embargo, en un entorno caótico como ese la alternativa más eficaz es contar con un líder consumado, el miembro del grupo más experimentado, que disponga de información que otros miembros del grupo no tengan y que asuma el control de todo el plan de ejecución.

Caminando constantemente por el agua y evaluando los destrozos y los riesgos, Amma pidió a todos que se dirigieran con cuidado hacia el embarcadero. Los barcos del Centro y de los aldeanos estaban esperando allí para trasladar a todo el mundo a tierra firme. Ya se habían dado instrucciones para convertir las facultades de ingeniería, biotecnología, y *ayurveda* de la Universidad *Amrita* y las escuelas dirigidas por el MAM en campamentos para los evacuados.

Para que el proceso de evacuación fuera más seguro, y como medida de precaución, Amma nos dijo que atáramos cuerdas resistentes de fibra de coco desde el edificio robusto más cercano, pasándolas alrededor de los cocoteros hasta llegar al embarcadero, y pidió a todos que se sujetaran firmemente a las cuerdas mientras caminaban. Ella comprobaba personalmente que todos los miembros de cada familia estuvieran juntos antes de enviarlos a cruzar la ría en barco. Quería hacerlo así porque, si no cruzaban juntos, después quizá no se encontraran o no supieran si sus seres queridos estaban a salvo. Los aldeanos, los pacientes del hospital benéfico de la ONG, los visitantes y todos los animales, incluidos los elefantes, cruzaron en primer lugar, y después los residentes. Amma fue la última persona en salir, y llegó a tierra firme después de la medianoche. Se alojó en el mismo edificio que los evacuados.

Desde el primer día de la catástrofe, los voluntarios que se habían trasladado al campus de la universidad, al otro lado de la ría, prepararon diez mil comidas tres veces al día para todos los que permanecían en los campos de refugiados. El hospital AIMS del MAM estableció un servicio médico permanente en cada campamento de evacuados, con un equipo de médicos, enfermeros y paramédicos que facilitó los medicamentos y los equipos sanitarios necesarios, como ambulancias, etc. Parecidos dispositivos de ayuda se organizaron en *Nagapattinam*, en *Tamil Nadu*, una de las zonas más afectadas de la costa oriental de la India.

El gobierno estableció doce centros de ayuda de emergencia en los alrededores para auxiliar a los evacuados. El MAM también facilitó a esos centros comida, ropa, mantas y asistencia médica veinticuatro horas al día.

Los días siguientes la aldea entera lloraba sin cesar. El llanto de las madres, los esposos, las esposas y los hijos de los fallecidos llenaba el ambiente de toda la aldea. Se organizó un funeral colectivo. Cuando se apagó el fuego de las piras funerarias, podía verse a la gente sentada en medio de los escombros desperdigados. Sin esperanza de futuro, en sus miradas se apreciaba una profunda angustia. Las gigantescas olas habían barrido todos sus sueños y deseos. Una aldea entera permanecía allí con las manos vacías frente a la vida, completamente indefensa y desconsolada.

Como líder que comprende tanto el dolor como la alegría de la gente, lo primero que hizo Amma fue intentar consolarlos, quizás la tarea más difícil tras una devastadora experiencia de esa magnitud. Un líder nato sabe lo inútiles y superfluas que pueden sonar las palabras en esos momentos de profundo dolor. Por eso, durante los primeros días, además de atender las necesidades básicas, Amma compartió de todo corazón el dolor de los aldeanos. Lloró con ellos, los abrazó, los consoló y enjugó sus lágrimas.

Todos los días, y a lo largo de todo el día, Amma fue encontrándose individualmente con esas personas desconsoladas. Por la noche atendía constantemente el teléfono y daba instrucciones a los voluntarios y residentes que prestaban servicios en las zonas asignadas. Su asesoramiento personal y su sincera preocupación contribuyeron enormemente a que los aldeanos se sintieran seguros y esperanzados sobre el futuro.

Amma, impresionante ejemplo inspirador, guió sin descanso a sus voluntarios con sus palabras y sus acciones. Nuestra ONG, con la ayuda de un inmenso equipo de entregados voluntarios, pudo terminar los albergues temporales para las víctimas en el corto espacio de nueve días, mientras que los albergues gubernamentales tardaron meses en estar construidos.

Una semana después del tsunami, Amma, que se había alojado al otro lado de la ría en una de las habitaciones de la universidad, regresó al Centro espiritual. Aunque no hubo víctimas entre los residentes, la sede de la ONG quedó muy afectada por las olas del tsunami. Casi todos los ordenadores y varias prensas resultaron dañados. Todas las existencias de víveres, verduras y arroz habían sido llevadas o estropeadas por el agua. Por todas partes se veían plantas y árboles marchitos. Pero Amma estaba más preocupada por el bienestar de quienes lo habían perdido todo, todos sus ahorros y a sus seres queridos, en el tsunami. Se centró totalmente en buscar la mejor manera de acelerar las tareas de ayuda y rehabilitación.

Un día, pasada la medianoche, sonó mi interfono. Era Amma. Descolgué el auricular. Amma permaneció unos momentos en silencio y después dijo:

—Me duele el corazón de ver tanto sufrimiento. Debemos ofrecer algo más duradero, más concreto a la gente, algo a lo que se puedan aferrar y que les ayude a reconstruir sus vidas.

Tras una pausa, Amma prosiguió:

—Necesitan nuevas casas, barcas, redes de pesca, tratamiento médico y más cosas. ¿Cómo los ayudamos?

No supe que proponerle y me quedé callado. De pronto Amma dijo:

—Vamos a dedicar mil crores (veintiún millones de dólares) para ayuda de emergencia y rehabilitación.

Sus palabras me dejaron atónito y no supe qué decir. Cuando me recuperé del impacto inicial, le pregunté:

—Amma, ¿de dónde vamos a sacar el dinero?

Con voz serena, Amma respondió:

—Eso no es tan importante. Lo más importante es la compasión. Hay muchas personas de buen corazón en el mundo. Ya vendrá el dinero... El primer paso es la compasión. Demos ese paso correctamente.

—Su convicción era inescrutable y, por eso, su decisión fue instantánea. Cuando decimos sí a una noble visión basada en un valor elevado, no hay ambigüedad ni duda alguna. Las decisiones y su puesta en práctica son rápidas, ya que se está más orientado hacia la acción que hacia el resultado. La acción está en el presente; el resultado es el futuro. Cuando todas nuestras energías se centran en el presente, el futuro simplemente surge.

Etienne de Grellet, un misionero cuáquero, dijo: «Suponte que pasas por un lugar nuevo. Mientras lo haces, recuerda esto: "Solo voy a pasar por este camino una vez, de modo que cualquier bien que pueda hacer o cualquier gesto bondadoso que pueda tener hacia cualquier ser humano u otro ser vivo, he de hacerlo ahora. No he de demorarlo o dejarlo de lado, ya que no volveré a pasar por este camino"».

Hay un bello episodio del *Mahabharata* que confirma esta idea de ser bondadoso de inmediato cuando se presenta la oportunidad.

Un día *Karna*, que era conocido por su caridad y generosidad, estaba haciendo sus plegarias y abluciones diarias junto a un río. A su lado tenía una copa de oro tachonada de joyas. *Sri Krishna* lo visitó por casualidad en ese momento. *Krishna* sentía curiosidad por saber lo firme que era la caridad de *Karna*, así que le pidió que le diera la copa de oro como ofrenda.

Karna, sin la menor vacilación, la tomó y se la dio a *Krishna* con la mano izquierda, porque tenía sucia la mano derecha. *Krishna* se lo hizo notar de inmediato y le recordó que no es correcto dar regalos u ofrendas con la mano izquierda. (En la India, dar un regalo o cualquier otra cosa con la mano izquierda se considera desfavorable).

Karna, con una humilde sonrisa, dijo que conocía muy bien aquella costumbre y le dio la siguiente explicación a *Krishna*:

—Cada vez que se te ocurra una buena acción, tienes que ponerla en práctica de inmediato y sin pensarlo dos veces, ya que realmente no sabes lo que ocurrirá al minuto siguiente. Podría acabarse tu vida, consumirte la avaricia o cambiar tus intenciones.

En el momento en que sentimos un impulso interior de ayudar a alguien, en el momento en que surge un pensamiento compasivo, debemos ponerlo en práctica de inmediato. Si lo posponemos un solo segundo, la mente se interpondrá y empezará a racionalizar.

La cantidad económica comprometida para las tareas de ayuda y rehabilitación tras el tsunami se anunció a mediados de febrero de 2005. Poco después, Amma visitó las principales zonas afectadas de *Nagapattinam* (*Tamil Nadu*). Después de visitar a las personas que ocupaban los refugios temporales y escuchar personalmente sus dolorosas historias, Amma viajó toda la noche para llegar la mañana siguiente a la sede de nuestra ONG en *Kerala*. No habían transcurrido veinticuatro horas cuando Amma partía hacia *Sri Lanka* invitada por el gobierno de ese país. Allí permaneció del

16 al 19 de febrero de 2005. Más de treinta mil ceilaneses habían perecido por el tsunami, y cientos de miles tuvieron que desplazarse. Amma prometió setecientos mil dólares (sesenta y nueve millones de rupias de *Sri Lanka*) para la ayuda de emergencia a ese país tras el tsunami.

Amma recorrió *Sri Lanka* y vio el rastro de destrucción a lo largo de la costa. Visitó los campamentos de refugiados en los distritos de *Ampara* y *Hambantota*.

Ante el asombro de los presentes, los soldados del LTTE (Tigres Tamiles) y los soldados del gobierno ceilanés, en bandos opuestos, coincidieron en la cola del *darshan* de *Ampara*. A una secretaria política de un ministro, la fallecida *Maheswari*, le impresionó ver los dos grupos opuestos en el mismo lugar. Estas fueron sus palabras: «Era inimaginable ver juntos a estos dos grupos opuestos en presencia de Amma. Amma es realmente una fuerza unificadora, un catalizador excepcional».

El siguiente extracto procede del discurso que Amma pronunció en el Congreso de la Alianza de Civilizaciones celebrada en Shanghai en diciembre de 2012. El tema principal de la conferencia era: «¿Cómo pueden las sociedades de Asia y el Pacífico Sur contribuir mejor al diálogo global sobre la convivencia y el compromiso entre las culturas y las civilizaciones?». Amma dijo: «Es importante comprender que el fortalecimiento y la unificación de nuestra sociedad no es solo responsabilidad de los gobiernos. Es el deber de cada ser humano. Si las ONGs, las pequeñas y grandes empresas, los medios de comunicación y los líderes sociales y culturales del mundo se unen para construir una nueva sociedad basada en los valores, se producirá sin duda un cambio positivo. La mayor parte de los gobiernos hacen todo lo que pueden por ayudar, pero a veces los fondos para subvenciones y préstamos no acaban de llegar a los estratos más bajos de la sociedad porque los gobiernos tienen que gastar mucho dinero en pagar a sus empleados. Imaginemos que vertemos aceite de un recipiente a otro. Si lo vertemos consecutivamente a lo largo de cien recipientes, al último solo le llegarán unas pocas gotas de aceite. Del mismo modo, a veces el dinero que los gobiernos destinan a ayudar a los pobres en forma de subvenciones y créditos no llega a la gente que lo necesita. El gobierno tiene que gastar una gran cantidad de ese dinero para pagar a sus empleados y celebrar reuniones. Eso produce naturalmente retrasos en la ejecución de los proyectos. Pero cuando las personas se unen desinteresadamente como voluntarios, se puede hacer más con menos dinero y en menos tiempo».

Con el liderazgo incomparable de Amma, nuestra ONG pudo llevar a cabo todos los proyectos de rehabilitación que habíamos emprendido tras el tsunami. Eso incluía suministro de alimentos, ropa, viviendas, tratamiento médico, formación profesional y oportunidades de empleo para dos mil quinientas personas de las zonas afectadas, redes de pesca y barcos para los pescadores, ayuda psicológica para más de diez mil niños con el fin de ayudarles a superar el trauma emocional y la fobia al agua, capacitación profesional de mujeres cuyos maridos habían fallecido en el mar o ya no querían ser pescadores, etc. La ONG llegó a donar cientos de máquinas de coser y ofreció clases de confección a las mujeres.

Cabe mencionar especialmente que la propia Amma acompañó a los niños durante las clases de natación que se realizaron en la piscina de la sede de la ONG para ayudarles a superar el miedo al agua. En la aldea que está al lado de *Amritapuri*, varios niños murieron a causa del tsunami. Algunas mujeres que perdieron a sus hijos se habían sometido anteriormente a operaciones de ligadura de trompas, y no podían tener más hijos. Amma les dijo a los médicos del hospital AIMS que ofrecieran cirugía de recanalización o fertilización in vitro a esas familias, en un gesto compasivo que sirvió para reducir el trauma provocado por el desastre. De ese modo, la mayoría de esas mujeres fueron capaces de concebir y tener hijos.

En un discurso inaugural durante una función que tuvo lugar en *Amritapuri* después del tsunami, *Oommen Chandy*, Primer Ministro de *Kerala*, alabó el trabajo que la ONG había llevado a cabo: «Tras el tsunami, las bondadosas manos de Amma han inspirado tareas de ayuda y rehabilitación por todo el Estado. Amma tiene un gran corazón, que simboliza la bondad de la sociedad, y ha finalizado la construcción de las viviendas del tsunami en muy poco tiempo. No sé cómo agradecerle a Amma su ayuda incondicional y la gran cantidad de servicios que ha prestado. El gobierno no ha sido capaz de cumplir su promesa de rehabilitar a todas las víctimas antes del monzón. La ayuda de emergencia llevada a cabo por Amma es un ejemplo para los demás».

Pero sobre todo, lo que realmente le ayudó a la gente fue el toque personal, la escucha compasiva y la inyección de valor y esperanza para volver a aventurarse en la vida que Amma les brindó.

Amma dice: «En realidad, cuando nos sentimos más felices es al ayudar a los demás, y cuando nos sentimos más solos es al obsesionarnos con nuestros problemas y deseos personales. Cuando nuestras metas se identifican con las metas universales, cuando comprendemos nuestro papel en el universo y actuamos en consecuencia, nada nos puede detener«».

Así entramos en «la Corriente». Entonces, hasta lo que parece un obstáculo se revela como un mero peldaño hacia el éxito mientras ascendemos por la escalera del amor y la compasión. Si creemos en Dios, en un poder supremo que lo supervisa todo, tratemos de ver las experiencias, situaciones y padecimientos de las personas desde el punto de vista de Dios. Si eres ateo, cree en las acciones virtuosas y ayuda a las personas sin esperar nada.

Ambas actitudes nos llevan a Dios, aunque no tengamos fe en un poder supremo.

Amma dice: «¿Existe Dios o no? Puede ser un tema de acalorado debate; pero ningún ateo puede negar la presencia en el mundo actual de personas que sufren. El servicio a esas personas que sufren es la verdadera adoración a Dios. Sin embargo, Dios no necesita nada de nosotros porque es el que lo da todo. Cuando desde nuestra ignorancia creemos que le ofrecemos algo es como si le mostráramos una vela al sol y le dijéramos: "¡Estoy seguro de que esta luz te ayudará a ver el camino!". Lo que Dios espera de nosotros es un corazón que comprenda el sufrimiento de los pobres y oprimidos. Ayúdalos a levantarse, sírvelos y sé compasivo con ellos».

Capítulo diecisiete

La guía interior

Amma dice: «Si, cuando caminamos, nuestra mente le dice de repente a nuestros pies que se detengan, ellos lo harán. Si, cuando estamos aplaudiendo, nuestra mente le dice a nuestras manos que se paren, se quedarán quietas de inmediato. Pero si les decimos a nuestros pensamientos que se paren, ¿nos escucharán? No. El objetivo de la meditación es cultivar el mismo nivel de control sobre la mente que tenemos sobre nuestro cuerpo físico».

Tomar una decisión implica un complejo proceso en el que hemos de sopesar muchos factores en conflicto: estudiar múltiples opciones; no olvidar la escasez de tiempo disponible; tener en cuenta los frecuentes cambios en las tendencias del mercado y en la tecnología; dirigir y convencer a los miembros del equipo, los socios y los expertos; calcular el impacto sobre los socios tangenciales o periféricos, etc. Además pueden surgir repentinamente muchas complicaciones e incertidumbres inesperadas. Este procedimiento de toma de decisiones basado en el método convencional conocido como cognición analítica es, a menudo, un ejercicio física y mentalmente agotador y un derroche de energía. Hoy en día la toma de decisiones intuitiva y analítica, también llamada «cuasiracionalidad», está cobrando más fuerza.

Si empiezas a examinar cómo ves el mundo, probablemente descubrirás que, a menudo, tú también tomas decisiones contraviniendo la lógica de la elección económica. Se está produciendo un aumento lento, pero continuo, de este protocolo de toma de decisiones predominantemente «irracional». El intento de incorporar a la economía intuiciones de la psicología se denomina economía del comportamiento y parece ser una técnica que armoniza con finura el pensamiento racional y los factores psicológicos o intuitivos. A menudo, lo que hace que quien tiene que decidir pase del esfuerzo a la fluidez es una búsqueda contemplativa. El hacer es una actividad y el deshacer, dar marcha atrás. Hay que apartarse de todo el proceso y olvidarse de él. Hay que tomarse un respiro y permitir que la parte espontánea de nuestra mente asuma el mando. Solo entonces empezarán a suceder cosas.

Los gerentes de las empresas se han basado durante siglos en la cognición o el análisis lógico como única técnica de resolución de problemas. La toma de decisiones intuitiva, o el uso de la intuición como herramienta importante para encontrar respuestas a problemas complejos, no es una idea nueva, aunque sí lo es en el mundo empresarial. Hay muchas culturas, especialmente las civilizaciones asiáticas, en las que la intuición desempeña un papel primordial en la búsqueda de respuestas y soluciones. Para decirlo con mayor precisión: un buen número de profesionales del pasado eran mucho más intuitivos que cognoscitivos.

Supongamos que tratamos de recordar una vieja canción. Nos encanta, pero por mucho que nos esforzamos no logramos recordarla. Podemos llegar a sentir que la tenemos en la punta de la lengua. Pero ninguna de nuestras técnicas habituales, como rascarnos la cabeza, cerrar los ojos o dar vueltas por la habitación, funciona. Al final, cuando todos nuestros esfuerzos resultan vanos, nos damos por vencidos y olvidamos por completo la canción. Comemos, nos echamos una breve siesta y, antes de levantarnos de la cama, nos quedamos unos momentos tumbados mirando el techo. En ese estado relajado, de pronto, la canción sale de la nada.

En esta experiencia en particular los esfuerzos iniciales para recordar la canción desencadenan un tira y afloja entre la mente consciente y la subconsciente. Conocemos perfectamente la canción, pero se ha ocultado en el subconsciente, que es de donde la tenemos que recuperar. Para conseguirlo debemos permitir que se produzca una conexión entre las dos mentes. El problema es que, en lugar de conectar los dos ámbitos, la presión creada por todo el esfuerzo hace que la brecha sea mayor. De ese modo, el recuerdo de la canción, la solución que estamos buscando, se aleja cada vez más de nosotros. Las revelaciones solo se producen cuando la mente está aquietada. Eso es justo lo que sucede cuando estamos tumbados tranquilamente en la cama: la tensión y la ansiedad ceden y la canción se materializa espontáneamente.

Todo el esfuerzo que hicimos era realmente necesario. Era necesario para elevarnos a un estado de ausencia de esfuerzo. En otras palabras: el trabajo duro es esencial para llegar al punto de relajación total. Solo una mente aquietada es capaz de dar respuestas acertadas. Los seres humanos tienen una inclinación natural hacia el silencio. Es un anhelo profundo. Por eso, es muy probable que la toma de decisiones intuitiva pueda ser eficaz, siempre y cuando dirijamos nuestras energías por el canal de la quietud y el silencio.

La exclamación «¡eureka!» se atribuye al antiguo sabio griego Arquímedes. Se cuenta que gritó «¡eureka!» cuando estaba en la bañera y se dio cuenta de que el nivel del agua era más alto que antes de meterse en ella. De repente cayó en la cuenta de este hecho y comprendió que el volumen del agua desplazada era igual al volumen de la parte de su cuerpo que estaba sumergida. Arquímedes había estado tratando de medir con precisión el volumen de objetos irregulares, un problema imposible de resolver anteriormente. El entender que un objeto desplaza una cantidad de agua equivalente a su volumen resolvía el problema. Se dice que estaba tan deseoso de compartir su descubrimiento que saltó de la bañera y corrió por las calles desnudo, gritando «¡eureka!».

Para comprender el origen del descubrimiento de Arquímedes, el matemático probablemente se relajó por completo mientras estaba en la bañera. Sentirnos relajados mientras tomamos un baño es una experiencia que muchos hemos tenido. En ese estado de completa tranquilidad y paz, la respuesta que el gran científico había estado buscando se le manifestó.

Según los expertos y consejeros modernos en gestión, el subconsciente es la fuente de la toma intuitiva de decisiones. Eso podría ser válido desde un punto de vista psicológico, pero desde una perspectiva espiritual la verdad es que realmente no conocemos el origen exacto de las soluciones intuitivas. Cuando la mente subconsciente está llena de pensamientos y emociones, no es una fuente clara de respuestas correctas. Solo podemos decir que estas respuestas proceden de algún lugar que está más allá, pues el subconsciente está lleno de muchos pensamientos sutiles y poderosos.

Amma lo expresa de esta manera: «Si le preguntamos a un violinista, a un cantante o a un flautista de dónde procede su música, probablemente dirán: "De mi corazón"; pero si le abrimos el corazón con un bisturí, ¿encontraremos allí algo de música? Si dicen que la música procede de sus dedos o de su garganta, ¿encontraremos música si la buscamos en esos lugares? Entonces, ¿de dónde surge la música? Se origina en un lugar que está más allá del cuerpo y la mente. Ese lugar es la morada de la conciencia pura, la poderosa fuerza infinita que se halla en nuestro interior. Ya seamos personas de familia, directivos o incluso líderes políticos, lo primero que tenemos que conocer es nuestro ser. Esa es la verdadera fuerza. Necesitamos conocer y aceptar nuestros defectos, deficiencias y limitaciones y después tratar de superarlos. Entonces es cuando nace un auténtico líder».

Amma habla empleando el lenguaje más sencillo y utiliza los ejemplos más sencillos. A veces incluso puede hablar de temas que nos llamen la atención por su insignificancia, pero cuando reflexionamos sobre ellos se pone de manifiesto el gigantesco mundo que late tras esas humildes palabras.

A menudo Amma habla con doctores y científicos sobre temas de investigación. En la conversación no utiliza necesariamente términos científicos o técnológicos, pero expresa hasta las cuestiones científicas más complejas en un lenguaje conciso. Incluso aconseja a los científicos sobre los temas de investigación que deberían tener en cuenta. Es asombroso escuchar a Amma hablar con premios Nobel sobre las investigaciones que están llevando a cabo, verla hablar con médicos sobre diferentes tradiciones de tratamiento médico, con ingenieros sobre distintos aspectos de las construcciones, con abogados sobre las diversas facetas de una causa judicial o con gestores sobre las últimas tendencias en ese campo.

No hace mucho Amma se reunió con un grupo de científicos de todo el mundo que asistían al *Amrita* Bioquest 2013 en la Universidad *Amrita*. Se planteó la cuestión del posible uso de plantas medicinales para curar enfermedades. Amma respondió: «Yo no sé nada. Solo doy ideas a los investigadores». Los científicos sonrieron porque sabían que los investigadores de la Escuela *Amrita* de Biotecnología habían publicado recientemente un importante artículo científico basado en una idea que Amma había sugerido.

Dejadme que os cuente la historia tal como me la relataron el Dr. *Ashok Banerjee*, que fue científico jefe del Centro de Investigación Atómica *Bhabha*, de Mumbai, y el Dr. *Bipin Nair*, decano y catedrático de la Escuela *Amrita* de Biotecnología.

Un día, el vicerrector de la Universidad *Amrita*, el Dr. *Venkat Rangan*, junto con los doctores *Nair* y *Banerjee*, fueron a ver a Amma para tratar sobre varios temas de investigación. Durante la conversación, Amma preguntó por la situación del trabajo de investigación en la Escuela de Biotecnología. Cuando le explicaron que la investigación se estaba centrando en los mecanismos de curación retardada de las heridas en pacientes diabéticos, Amma describió con elocuencia el remedio tradicional para el tratamiento de heridas con aceite de cáscara de anacardo, obtenido por el calentamiento de las cáscaras.

Aunque el Dr. *Banerjee* era un seguidor incondicional de Amma, aquel repentino énfasis en las propiedades medicinales y curativas de la cáscara de anacardo, que normalmente se considera «basura o residuo», y la sugerencia de que se investigara sobre ellas le parecieron poco consistentes. Aunque no le expresó a Amma sus pensamientos, me dijo que mentalmente cuestionó el interés de aquella idea. No obstante, por experiencias anteriores el grupo de investigación sabía que las palabras e ideas de Amma siempre contenían joyas ocultas.

Inmediatamente adquirieron cáscaras de anacardo procedentes de los residuos de una fábrica de anacardos de *Kollam*. De ellas extrajeron y purificaron un compuesto llamado ácido anacárdico, y demostraron por primera vez la influencia directa de ese compuesto en una proteína que está relacionada con la curación de las heridas. Lo interesante es que la investigación demuestra que ese compuesto también tiene una influencia positiva sobre muchas formas diferentes de cáncer. Ese importante descubrimiento dio lugar a posteriores colaboraciones de alto nivel con la Universidad de California en Berkeley y el Instituto de Investigación Scripps de San Diego, ambos considerados centros de investigación de primera categoría en Estados Unidos. Más tarde el Consejo

Nacional Indio de Innovación, dirigido por Sam *Pitroda*, revisó los datos de la investigación y recomendó vivamente que ese proyecto fuera financiado por el Consejo de Investigación Científica e Industrial del Gobierno de la India. La profunda aunque sencilla sugerencia de Amma sobre la aparentemente irrelevante cáscara de anacardo nos ha ayudado a lograr un avance trascendental en un período de tiempo muy corto. De otra manera, los científicos podrían haber pasado años de intensa investigación gastando grandes sumas de dinero en ese descubrimiento. El Dr. *Banerjee* concluyó su relato diciendo: «No tenía ni idea de que Amma también fuera una científica».

A partir de sugerencias similares realizadas por Amma en materia de investigación, muchos departamentos de la Universidad *Amrita* trabajan con éxito en proyectos de investigación como, por ejemplo, el uso de sensores para detectar deslizamientos de tierra causados por la lluvia, tecnología háptica para la adquisición de determinadas capacidades, investigaciones en nanociencia para la lucha contra el cáncer, laboratorios educativos en línea para evaluar el aprendizaje, sistemas de información hospitalaria y la utilización de esos datos para ayudar a la sociedad, seguridad informática, laboratorios virtuales, enseñanza interactiva a distancia, etc. Bajo la dirección de Amma, los científicos también están trabajando en un importante proyecto de diseño y fabricación de una bomba de insulina asequible.

Soy muy reticente a la hora de calificar como intuitiva la forma de pensar, decidir y ejecutar de Amma. No deseo profundizar en ese aspecto en este libro, pero debo decir que su enfoque tiene una dimensión completamente diferente.

La mente es un flujo o corriente de pensamientos fragmentados. Para aprehender la verdad que encierra cualquier cosa, la concentración es esencial. La división y la desintegración es la propia naturaleza de la mente. No puede permanecer integrada, hasta el punto de que bloquea el flujo natural de los pensamientos, salvo que la entrenemos para que esté calmada y silenciosa. De ahí es de donde surge el pensamiento intuitivo y contemplativo.

En su tratado, *Chanakya* recomienda: «Antes de iniciar cualquier tarea, hazte siempre estas tres preguntas: ¿Por qué hago esto? ¿Cuáles pueden ser los resultados? ¿Tendré éxito? Solo deberías seguir adelante después de pensarlo detenidamente y haber encontrado respuestas satisfactorias a las tres preguntas».

«Pensar detenidamente» significa entrar en un silencio meditativo y centrarse en las preguntas significativas, pues solo cuando se hacen preguntas correctas se obtienen respuestas correctas. Tal como dijo Salomón Ibn Gabirol, poeta y filósofo judío: «La pregunta de un sabio contiene la mitad de la respuesta».

Los estudios demuestran que en las decisiones de los directivos solo hay una escasa tasa de éxito del cincuenta por ciento. Por el contrario, hay un aumento del coste del proceso de toma de decisiones. Preocupados por esta alarmante situación, estudiosos de la Escuela de Negocios de la Universidad de Queensland empezaron a investigar los diversos factores y posibilidades que inciden en el estilo de toma de decisiones que emplean los gestores y cómo podían mejorarse esas decisiones.

Todas las disciplinas de una estructura organizativa implican complejos pasos, divisiones y subdivisiones que hay que tener en cuenta al tomar una decisión. El proceso es complicado. La mayor parte de las personas del mundo de los negocios están muy tensas. No dejan de cavilar y de preocuparse por los resultados. En lugar de eso, hay que seguir las reglas del sistema meticulosamente y después relajarse interiormente.

Me vienen a la cabeza las palabras de *Kiran Majumdar* Shaw, presidenta y directora gerente de Biocon Limited: «La personalidad de Amma es una síntesis extraordinaria de una compasión abrumadora y una capacidad intelectual que sorprende a cualquiera».

Capítulo dieciocho

El amor, la forma más pura de energía

Cuando un periodista le preguntó a Amma cuál era su color favorito, ella respondió: «El color del arco iris. Representa el amor y la unidad. Aunque los siete colores sean distintos, en un arco iris los vemos juntos formando una unidad. Aunque su vida sea efímera, el arco iris nos alegra a todos. El amor es el principio esencial que subyace a la unidad. Y ese amor es lo que se expresa como la belleza, la vitalidad y la atracción que sentimos hacia la vida. Por tanto, el amor y la vida no son dos cosas distintas, sino una sola».

La mayor parte de las multinacionales, al margen de su tamaño, tienen poca o ninguna fe en el amor y la compasión como herramientas operativas para impulsar sus negocios hacia el éxito. Dicho de otra manera, las cualidades femeninas se consideran un rasgo negativo en los negocios. La idea preconcebida errónea es que el amor y la compasión harían que las personas fueran vulnerables ante los competidores y los clientes. De ahí que la compasión y el amor en los negocios puedan sonarles algo extraño a los profesionales actuales. Sin embargo, expresiones como «compromiso» y «pasión», que emplean con frecuencia los expertos en negocios en sus charlas, escritos y conversaciones, en realidad están basadas en la energía. El poder oculto tras estas palabras es el amor, sin el cual son imposibles el éxito y los logros.

A algunos consultores de negocios el amor les parece una idea o una teoría anticuada. Acuñan palabras y expresiones nuevas para que al mundo le parezca que están enseñando algo diferente, una idea a la última. Por ejemplo, lo que la gente llama «filosofía de la Nueva Era» o la famosa idea de «estar aquí y ahora» no son en absoluto nuevas. Es el antiguo «vino viejo en odres nuevos». Los sabios del pasado ya lo habían dicho en las *upanishad*. Una de las sentencias de las escrituras dice: «*Eha atraiva*», que significa «estate aquí y ahora». Dios está aquí, la dicha está aquí, la vida está aquí, en este momento. Esa es la esencia de esta frase de las escrituras. De modo que, aunque no se expliquen con precisión, empleando términos científicos y técnicos, en realidad podemos encontrar en las escrituras antiguas la semilla de la que proceden casi todas las ideas nuevas e innovadoras.

Carl Sagan, el popular escritor científico estadounidense, dijo: «Para las criaturas pequeñas como nosotros, solo el amor hace soportable la inmensidad [del universo]». El éxito no puede permanecer separado, precisa del apoyo del amor. Puede parecer que subimos por la escalera del éxito sin el apoyo del amor, pero no podemos mantener el impulso ascendente. Por supuesto, depende de nosotros la decisión de llevar o no la brillante luz del amor en el corazón mientras subimos por esa escalera; pero recuerda que, sin el apoyo incondicional del amor, cuanto más alto subamos, mayor será el impacto de nuestra caída.

Amma lo explica con más detalle: «El amor se puede comparar con una escalera. La mayor parte de las personas se encuentran en el peldaño más bajo de la escalera del amor. No os quedéis ahí, seguid ascendiendo paso a paso. Ascended poco a poco desde el peldaño más bajo hasta el más alto, desde el nivel más bajo de la emoción sin depurar hasta el más alto estado de existencia, la forma más pura de amor. El amor puro es la forma más pura de energía. En ese estado el amor no es una emoción. Es una corriente constante de conciencia pura y poder ilimitado. Ese amor se puede comparar con nuestra respiración. Nunca decimos: "Solo respiro cuando estoy con mis parientes y amigos, nunca ante mis enemigos o las personas que odio". No. Estéis donde estéis y hagáis lo que hagáis, la respiración sencillamente se produce. Del mismo modo, dad amor a todos sin establecer diferencia alguna y sin esperar nada a cambio. Sed siempre los que dais, nunca los que reciben».

La interpretación del amor por parte de las nuevas generaciones se parece más a una emoción de usar y tirar o reciclable. La idea de «amor de usar y tirar» constituye un nuevo atractivo y es recibida con gran entusiasmo por nuestros jóvenes. Hace poco me encontré con un joven, hijo de un rico hombre de negocios. En medio de nuestra conversación dijo:

—Mi padre tiene todas esas ideas extrañas sobre los negocios. Cree en valorar a los empleados, la honestidad en los tratos, dar a los menos afortunados y otros muchos ideales viejos, anticuados, intrascendentes y nada prácticos.

Desde mi punto de vista, lo más interesante de la opinión del hijo era que su padre había levantado su negocio de la nada y se había entregado a él durante muchos años. Había puesto en él su sudor y su sangre. Me impresionó oír las observaciones insensibles e irreflexivas del joven sobre las virtudes de su padre.

Por un momento sus comentarios me dejaron sin palabras, pero no pude evitar decirle:

—No me extraña que pienses así. Tú no has experimentado el dolor, la lucha, el sufrimiento y las privaciones que tu padre tuvo que pasar. Eso hace que vuestras percepciones sean completamente diferentes. Él lo entiende, mientras que tú careces de la experiencia necesaria para tener su profunda comprensión de las cosas. Esperemos que aprendas por experiencia.

Hay un conocido anuncio de joyas de oro cuyo eslogan es «Lo antiguo es de oro». El verdadero oro es el amor. Es antiguo, moderno y siempre nuevo. Como proclama el dicho popular: «El amor es el viajero más antiguo de la Tierra». Yo diría que la energía pura del amor es original, de valor incalculable e insustituible, porque el amor es la única verdad.

Aunque se oye hablar de casos de acoso sexual dentro y fuera del trabajo, lo que parece degradar el poder intrínseco del amor, el amor puro sigue y seguirá siendo una verdad eterna. Eso nunca cambiará. Amma dice: «No podemos inventar una verdad nueva. Dos más dos siempre han sido cuatro. ¿Podemos cambiarlo y que sean cinco? Imposible. De igual modo, la verdad ya ha sido establecida. Es genuina e inalterable. Es el amor puro, nuestra auténtica naturaleza, la energía en su forma más pura».

Nuestro poder de ser expresivos, creativos, productivos y comunicativos depende de nuestra capacidad de identificarnos con el sentimiento interior del amor, que también determina nuestro nivel de paz y felicidad.

En la autobiografía de Charles Darwin leemos: «He dicho que en un sentido mi mente ha cambiado en los últimos veinte o treinta años. Hasta los treinta años, o aún más tarde, muchas clases distintas de poesía, como las obras de Milton, Gray, Byron, Wordsworth, Coleridge y Shelley, me producían un gran placer, e incluso cuando era un escolar sentía un intenso deleite leyendo a Shakespeare, especialmente sus dramas históricos. También he dicho que antes me gustaban mucho la pintura y la música. Pero desde hace muchos años no soporto leer un solo verso. Últimamente he tratado de leer a Shakespeare y lo he encontrado tan insoportablemente aburrido que me han entrado náuseas. También he perdido casi por completo el gusto por la pintura y la música. Mi mente parece haberse convertido en una especie de máquina de procesar leyes generales a partir de una gran recopilación de hechos. No puedo entender por qué esto ha causado la atrofia de la parte del cerebro de la que dependen los gustos más elevados. Perder esos gustos es perder felicidad. Si pudiera volver a vivir, me pondría como norma leer algo de poesía y escuchar algo de música al menos una vez por semana. La pérdida de estos gustos [por la poesía y la música] es una pérdida de felicidad, y puede ser perjudicial para el intelecto y probablemente más para el carácter moral, al debilitar la parte emocional de nuestra naturaleza».

Aunque no hay ninguna mención del amor, presumiblemente Darwin también se había convertido en una persona carente de amor o en un hombre al que le quedaba muy poco amor en el corazón. Si alguien es incapaz de disfrutar de la música y la poesía, lo más probable es que también el amor se haya vuelto casi inaccesible para él.

Por crear empresas, obtener riquezas, prestigio y fama o acumular poder, ¿no nos estamos olvidando de que el amor es el poder más grande y el regalo más hermoso de Dios? Sería desastroso que el amor llegara a ser un lenguaje olvidado en el mundo de los negocios y en la política. Los negocios son los productores de la humanidad y la política nuestra protectora. ¿En qué situación quedaremos si estos dos miembros directivos de la humanidad olvidan el ingrediente más esencial de la existencia?

Cuando afirmo que hay que integrar los principios del amor y la compasión en los pensamientos y las acciones de los directivos y los líderes de las empresas, no me refiero a un amor centrado en las emociones. Cuando el amor se centra en las emociones puede tener un carácter destructivo, porque ese amor se convierte en un apego sin inteligencia. Si perdemos la capacidad de discernir, ese amor puede causar más daño que beneficio a los individuos y a la sociedad. En lugar de eso, a lo que me refiero es a una actitud amorosa y compasiva basada en principios espirituales auténticos. Eso implica un esfuerzo sincero de ver las cosas desde una perspectiva más amplia, aplicando un nivel aceptable de igualdad, respeto, reconocimiento e interés por los miembros del equipo independientemente de su cargo o nivel.

Amma pide repetidamente a los miembros de sus equipos que dialoguen sobre las posibilidades y trabajen juntos sobre los resultados, para alcanzar acuerdos en todas las decisiones. En especial quiere que la investigación sea interdisciplinaria, sin duda por el valor de lo que cada departamento o disciplina académica aporta a la búsqueda de soluciones, pero también para animar a los científicos de toda la Universidad a que aprendan a trabajar juntos, a respetarse y a aprender unos de otros. De lo contrario, los investigadores pueden convertirse fácilmente en islas separadas que adoptan decisiones basadas en sus propios recursos limitados. Pero cuando se ven obligados a colaborar con otros con un fin común, entran en juego la humildad, la escucha respetuosa, la atención y el compromiso. Aunque pensemos que conocemos la solución, el consenso se convierte en el método de toma de decisiones y tenemos que permanecer abiertos a las alternativas y a los puntos de vista ajenos.

Cuando se trata de tomar una decisión importante, como invertir una inmensa cantidad de dinero en un nuevo negocio o abrir sucursales en otra ciudad o país, las empresas pueden dedicar varios meses a hacer lluvia de ideas, planificar y negociar con expertos mientras sopesan los pros y los contras. Los comités pueden mantener reuniones interminables reflexionando sobre todas las cuestiones.

A diferencia de este sistema engorroso, la forma de actuar de Amma es hacer cambios repentinos y aplicarlos inmediatamente. A veces le pide a una persona que deje su puesto y le pasa la responsabilidad a otra. Eso puede ocurrir en cualquier lugar y en cualquier momento. Amma toma estas decisiones en medio de uno de sus viajes por carretera, sentada en un parque rodeada por cientos de personas, al costado de un camino, en una aldea remota, en un aeropuerto, dentro de un avión o mientras atiende de forma individual a las miles de personas que han acudido a alguno de sus programas.

Por ejemplo, la decisión de hacer un cambio en un determinado proyecto humanitario o en una de las instituciones puede producirse bajo la forma de una orden, una petición humilde o un intercambio cariñoso y compasivo mientras juguetea con el miembro implicado del equipo. Sea como sea, el nivel de aceptación es alto. No hay temor al castigo y tampoco ninguna decepción por bajar de categoría, ser derrotado o quedar al margen del poder. Es un proceso precioso que se va desplegando como cuando se abre una flor.

Al señalar el descuido o la falta de dedicación de la persona o personas implicadas, puede parecer que Amma se siente mal, triste y dolida por el incidente y por la persona. Esos cambios de humor se combinan con momentos de sincero amor, cariño y consejos sobre la necesidad de mantenerse alerta constantemente.

En medio de la conversación, Amma cuenta chistes e incluso anima a los que la rodean a que cuenten un chiste o una historia. Eso produce momentos de risas y alegría. En resumen, todo el proceso de «contratación y despido» se convierte en la ocasión de una gran celebración. De esa manera, Amma transforma una experiencia aparentemente difícil y desagradable en algo memorable tanto para los que salen como para los que entran. Ese proceso se convierte en una meditación, en un hecho que enriquece sus vidas.

Antes de esperar que las personas cambien, hay que llegar a su corazón y conectar con ellas, porque eso hace que se motiven emocionalmente y que acaben poniéndose en marcha. Amma comprende esta verdad y es una líder que influye en el corazón de la gente por medio del amor y la compasión.

Una mujer francesa, seguidora de Amma, tenía la costumbre de comprar cosas muy caras. Se le antojaban caprichos como abrigos de piel, perfumes de marca, gafas de sol elegantes, relojes caros, etc. Si por alguna razón no podía comprarlos, se sentía muy inquieta e incluso no podía conciliar el sueño. En una ocasión fue a ver a Amma a la India. La mujer permaneció en el Centro durante un mes y luego regresó a París. Al cabo de otro mes le envió una carta a Amma.

En ella, la mujer explicaba su costumbre de comprar siempre cosas muy caras. Contaba que, tras volver a casa, se había obsesionado con poseer una determinada marca de reloj, pero como era muy caro tenía que hacer horas extra y ser muy productiva en el trabajo. Cuando hubo ganado lo suficiente para comprarlo, fue a la tienda, donde había una gran variedad de modelos. Mientras miraba la etiqueta que marcaba el elevado precio del reloj que quería, de pronto se acordó de los huérfanos, los discapacitados físicos y las personas sin hogar que había visto durante su estancia en la India, así como el modo compasivo en que Amma ayudaba a esas personas.

Entonces pensó: «Si compro este reloj, tal vez me sienta feliz durante un tiempo; pero con ese dinero puedo ayudar a muchas personas necesitadas que afrontan grandes dificultades debido a la falta de alimento, ropa, medicinas y estudios adecuados. Solo necesito saber la hora, y para eso me basta con un reloj de siete euros. ¿No debería emplear el resto del dinero en llevar algo de luz a la vida de tantas personas que sufren?». Desechó la idea de comprar aquel reloj tan costoso y decidió dedicar el dinero a ayudar a los pobres y los necesitados.

Concluía la carta diciendo: «Gracias, Amma, por ayudarme a volver a conectarme con el amor que hay en mí. Antes estaba muy tensa, pensando siempre en las cosas que quería comprar. Ahora siento una profunda alegría y satisfacción que nunca antes había experimentado».

Cada vez que se le pregunta por los logros de nuestra ONG, Amma dice: «Mi riqueza son las personas virtuosas y de buen corazón que tengo en el equipo. Ellas lo hacen todo». Aunque ella es la única inspiradora y la única guía, Amma no espera reconocimiento alguno. No se atribuye nada ni tiene ningún apego. Eso verdaderamente ayuda a la gente a ofrecer de buen grado su colaboración para las buenas causas que ella representa.

Para mí, Amma pertenece a la rara especie de los «directores ejecutivos iluminados»[1], es decir, los que no tienen apego. No es un director ejecutivo al uso, que ejerce su autoridad.

Permitidme que ponga un ejemplo. Amma lleva viajando por todo el mundo desde 1987. Cada año alterna viajes a Estados Unidos, Europa, Australia, los países de Asia del Sur, Sudamérica y África. En uno de esos viajes a Estados Unidos, mientras se encontraba en Nueva York, Amma se alojó los dos primeros días en el ático de un devoto de Manhattan. Era un piso enorme y lujoso. Durante una conferencia de prensa que se realizó en ese piso, uno de los periodistas le preguntó a Amma:

—Estamos en este piso de lujo mientras que en la calle hay personas sin hogar.

Amma dijo:

—Para mí, el mundo entero es como una casa de alquiler. Es como estar en un hotel. Estás ahí un tiempo, un día o dos, y después te vas. No me aferro a nada. Hoy estoy aquí y mañana

---

[1] N. del t.: «Chief Enlightened Overseer». Juego de palabras intraducible con las siglas en inglés CEO, que significan «Chief Executive Officer» (director ejecutivo).

estaré en una oscura habitación del edificio Manhattan Center. En Europa me alojo en las salas donde se celebran los programas. En su mayor parte son pabellones cubiertos. Durante los dos o tres días del programa me alojo en un vestuario del pabellón, donde no hay ni ventilación, ni baños ni aseos adecuados. Disfruto tanto de un tipo de alojamiento como de otro.

Cuando somos capaces de supervisar, nos situamos de hecho por encima de todo, lo vemos todo y conseguimos una mejor visión de todo. Ese es el estado en el que un líder llega a su plenitud.

Amma dice: «Un líder genuino es un auténtico servidor de la sociedad. Sin embargo, en el mundo actual todos quieren ser el rey. ¿Qué le sucede a una población o a un país en el que todos luchan por ser el rey? En esa sociedad solo habrá caos y confusión. Ese es el estado de nuestro mundo actual. La gente solo quiere mandar. La consecuencia es que no hay nadie para servir a los demás. Conviértete en un verdadero servidor de los demás y te convertirás en un auténtico líder».

Cuando comprendamos la esencia del altruismo tal como lo vemos en la naturaleza y llegue a formar parte de nuestra vida, solo experimentaremos un profundo sentimiento de gratitud. Todo lo demás desaparecerá y ya solo seremos una humilde ofrenda que acepta con agradecimiento todo lo que nos envíe el universo. En ese punto es cuando las energías femenina y masculina convergen y se hacen una.

El éxito de Amma es el triunfo de la energía femenina pura ajustada y perfectamente combinada con la poderosa energía masculina. Amma lo expresa de esta manera: «El profundo sentimiento de la maternidad está desapareciendo rápidamente de la faz de la tierra. No solo las mujeres sino también los hombres tienen que trabajar en sus cualidades femeninas».

La energía femenina muestra un talento especial a la hora de realizar varias tareas a la vez. Observad a una madre: cuida a su bebé, hace el desayuno, recoge la colada, se pone al teléfono, busca el mando de la televisión que se ha extraviado, lo encuentra y le enciende la televisión a su hijo mayor, todo a la vez. Parece fácil, ¿verdad? Intentadlo a ver si lo conseguís.

Es difícil dormir con un niño porque está lleno de energía. Tú estás cansado y te duermes nada más meterte en la cama. Pero entonces es cuando el niño quiere jugar, que le leas un cuento o ver los dibujos animados. Y, si no puede hacer otra cosa, pedirá un vaso de agua o querrá ir al baño. Una madre puede con todo eso. Ella tiene paciencia, pero para los hombres puede ser una situación extremadamente complicada.

La energía femenina también tiene una flexibilidad y una fluidez que le faltan a la energía masculina. No estoy diciendo que no exista en los hombres. También la tienen, pero dormida. Indudablemente, podemos despertar esa energía y aplicarla en nuestras actividades cotidianas. Por ejemplo, hay padres solteros que incorporan la energía femenina y crían muy bien ellos solos a sus hijos.

Veo el poder de la energía femenina en Amma, muy desarrollada pero combinada equilibradamente con la energía masculina. De modo que, cada vez que veo actuar a Amma, experimento la extraordinaria energía que desprende su aparentemente ordinaria forma.

En sus propias palabras: «La purificación de la mente y la purificación del amor se producen simultáneamente. Esa purificación crea una corriente ascendente de energía que acaba llevándote a la cima de la existencia».

Jesús dijo: «¡Necios! Limpiáis la taza por fuera, pero no por dentro. ¿No sabéis que el interior de la taza es más importante que el exterior?». Cada cuerpo humano es una taza o un tazón y lo limpiamos por fuera cada día dándonos una ducha; pero, ¿cuántos de nosotros limpiamos el interior: la mente, los pensamientos y el aspecto interior de la vida? La *Bhagavad Gita* describe esto como *kshetra* (el cuerpo) y *kshetrajña* (el alma interior). El cuerpo es el templo y el ser interior (el alma) es la divinidad.

Hay una inspiradora cita de Albert Einstein: «Un ser humano es una parte de la totalidad que llamamos el universo, una parte limitada en el tiempo y el espacio. Se experimenta a sí mismo, sus pensamientos y sus sentimientos como algo separado del resto, una especie de ilusión óptica de su conciencia. Esa ilusión es para nosotros como una prisión que nos mantiene dentro de los límites de nuestros deseos personales y del amor a unas pocas personas más cercanas. Nuestra tarea debe consistir en liberarnos de esa prisión ampliando nuestro círculo de compasión para abarcar a todos los seres vivos y a toda la naturaleza en su belleza».

Por el contrario, las personas se suelen preocupar muy poco por los demás. Quienes ansían poder y dinero van en aumento. La erosión de los valores empeora las cosas. Absortos en la avaricia y obsesionados por la seguridad, las personas viven infelizmente y con el dolor carcomiéndolas desde el interior.

La supervivencia exige un cambio. Si nos resistimos a él, la naturaleza nos obligará a cambiar y lo manifestará mediante desastres naturales.

Amma lo explica así: «Hay dos clases de crecimiento: la maduración y el envejecimiento. El primero es un viaje hacia la plenitud, mientras que el segundo nos conduce al temor y a la muerte. El envejecimiento le sucede a todo el mundo, a todos los seres; la madurez, sin embargo, solo se da en los que tienen el valor de penetrar bajo la superficie de las experiencias vitales y aceptan el cambio con total apertura».

Como señaló George Bernard Shaw: «El progreso es imposible sin el cambio, y quienes no pueden cambiar su mente no
pueden cambiar nada». En otras palabras: un cambio realmente
beneficioso solo se produce cuando hay un cambio en nuestra
conciencia interior que implique desechar viejos recuerdos, hábitos,
etc. Si no hacemos un trabajo interior y disipamos la oscuridad del
pasado, solo creamos la falsa impresión de que hemos cambiado,
pero en realidad nos hemos engañado. Llevamos esa máscara del
pasado y nos identificamos completamente con ella. Creemos que
somos la máscara y podemos incluso llevar a otros por el mismo
camino. Como dicen las escrituras: «Es como un ciego guiando
a otro ciego». Para decirlo sin rodeos: estamos siendo empujados
hacia una oscuridad aún mayor.

Nuestra mente puede tratar de convencernos de que estamos
fuera de las oscuras cuevas del pasado, de que hemos dado grandes
pasos hacia la superación de nuestras limitaciones. Algunos simplemente simulan haber superado el pasado. Otros simplemente
no son conscientes de que todavía se encuentran en el pasado. Los
que realmente hayan ido más allá de sus limitaciones y debilidades
lo demostrarán en sus acciones. Únicamente haciendo el viaje
interior desde el pasado al presente podemos esperar sobrevivir
y prosperar.

Aunque las oscuras nubes de las negatividades vayan en aumento, una evaluación imparcial mostrará signos vibrantes de un
despertar, una llamada a revivir. Ya se están realizando esfuerzos
sinceros hacia una transformación interior. Podemos conseguirlo.
En realidad, solo nosotros somos capaces de hacerlo. Todavía tenemos que darnos cuenta del infinito poder que llevamos dentro.

Las adversidades son el terreno más fértil para que se produzca el crecimiento interior. Luchando y afrontando los peligros

con valentía es como la semilla emerge de la tierra y crece hasta convertirse en un gran árbol que da sombra.

Recuerdo las palabras de Amma: «Normalmente utilizamos estiércol de vaca y posos de té como abono para los rosales. La hermosa y fragante rosa florece a partir de eso que llamamos basura y que huele tan mal. Aunque el rosal tiene numerosas espinas, el capullo de rosa se yergue felizmente sobre su tallo en medio de todas las circunstancias negativas, ofreciendo su exquisitez a todos por igual. De la misma manera, aunque parece que todo en el mundo va por mal camino, podemos y debemos salir de esa oscuridad pasajera».

Todo es dinámico y está en continuo cambio. Hay un verdadero anhelo de cambio, que puede consistir no tanto en recomponer un mundo roto como en poner en primer plano los valores. Poco a poco, algunas de las empresas de la lista «Riqueza 500» están integrando la compasión en sus planes de negocio. Están tomando medidas para ser más bondadosas y espirituales. Los miembros de los consejos de administración que desean actuar de una forma socialmente responsable están cuestionando seriamente las habituales motivaciones egoístas de las empresas y su insensibilidad hacia las personas y la naturaleza.

Por tanto, que nuestras pasiones y nuestra compasión vayan de la mano. Que nuestro pensamiento se transforme mediante la introspección y la meditación. Que todas las emociones que disipan nuestra energía se conviertan en amor, la forma más pura de energía.

Guía de pronunciación

En este libro las palabras indias aparecen en cursiva —excepto «Amma»— y están en la transcripción original inglesa. En esta guía indicamos cómo se pronuncian aproximadamente en español, así como el género de los sustantivos en nuestra lengua (femenino / masculino = f / m) y en algunos casos el número plural (= pl). En cada país o región hispanohablante la pronunciación del español es diferente. Aquí adoptamos la pronunciación castellana.

Hay que pronunciar las letras de la transcripción española como si fuera una palabra española, con las siguientes excepciones:
- La letra *sh* suena como en inglés (*shock*).
- La letra *j*, también como en inglés (*John*).
- La letra *h* siempre aspirada, como en inglés (*house*), nunca muda como en español.
- La letra *r* siempre suave, como en *cara*, no como en *rosa*, aunque vaya a principio de palabra.

Cuando la palabra se pronuncie en español igual que se escribe en inglés, ponemos *íd.*, para abreviar.

Abdul Kalam: Ábdul Kalam (m)
ahimsa: íd. (f)
Aloke Pillai: Aloke Pil-lái (m)
Amala Bharatam: Ámala Bháratam (m)
Ampara: íd.
Amrita/amrita: Ámrita/ámrita (m)
Amritakudumbam: Amritakudúmbam (m)
Amritanandamamayi: Amritanándamayi (f)
Amritapuri: Ámritapuri (f)
Amritavarshan: íd. (m)

Amrita Vishwa Vidyapeetham: Ámrita Vishua Vidyapítham (m)
Andhra Pradesh: íd. (m)
Ardhanareeswara: Ardhanaríshuara (m)
Arjuna: Árjuna (m)
artha: íd. (m)
Arthasastra: Arthashastra (m)
Ashok Banerjee: Ashok Banerji (m)
ashram: áshram (m)
ayurveda: íd. (m)
Banerjee: Banerji
Bangalore: Bangalor
Bhabha: íd.
Bhagavad Gita: Bhágavad Guita (f)
Bhagavata Purana: Bhágavata Purana (m)
Bhuj: íd.
Bihar: íd.
Bipin Nair: id.(m)
Brahmasutras: íd. (m)
Chanakya: íd. (m)
Charvaka: íd. (m)
darshan: íd. (m)
Delhi: íd.
dharma: íd. (m)
Dongrampura: Dongrámpura
dosa: íd. (m)
Duryodhana: Duryódhana (m)
eha atraiva: íd.
Gujarat: íd. (m)
guru: íd. (f/m)
Gurucharan Das: íd. (m)
gurukula: gúrukula (m)

212

Hambantota: Hámbantota

himsa: íd. (f)

kama: íd. (m)

karma: íd. (m)

Karna: íd. (m)

Karnataka: Karnátaka (m)

Kathopanishad: Kathópanishad (f)

Kerala: Kérala (m)

Kiran Majumdar: Kiran Majúmdar (f)

Kolkata: Kólkata

Kollam: Kól-lam (m)

Krishna: íd. (m)

kshetra: íd. (m)

kshetrajña: íd. (m)

Kurukshetra: íd. (m)

Lakshmi: íd. (f)

Lakshmi Devi: íd. (f)

Mahabharata: Mahabhárata (m)

Mahatma Gandhi: íd. (m)

Maheswari: Mahéshuari (f)

malayalam: malayálam (m)

Manmohan Singh: íd. (m)

mantra: íd. (m)

masala dosa: íd. (m)

Mata Amritanandamayi (Devi): Mata Amritanándamayi (Devi) (f)

Mata Amritanandamayi Math: Mata Amritanándamayi Math (m)

matru devo bhava, pitru devo bhava, acharya devo bhava, athiti devo bhava: matru devo bhava, pitru devo bhava, acharya devo bhava, áthiti devo bhava

maya: íd. (f)

moksha: íd. (m)
Mumbai: Mombei
Nagapattinam: Nagapáttinam (m)
Narada: Nárada (m)
Odisha: Ódisa
Om: íd.
Om saha nau-avatu / saha nau bhunaktu / saha viiryam ka-
rava-avahai / tejasvi nau-adhii-tam-astu maa vidviss-aavahai /
Om shaantihi shaantihi shaantihi: Om saha návavatu / saha
nau bhunaktu / saha víryam karavavahéi / tejasvi navadíta-
mastu ma vidvisavahéi / Om shanti shanti shántihi
Oommen Chandy: Umen Chandi (m)
Pandava: Pándava (m)
Pitroda: íd.
Prahalad: íd. (m)
Pune: íd.
purana: íd. (m)
Rabindranath Tagore: íd. (m)
Raichur: Ráichur
Ram: íd. (m)
Ravi: íd. (m)
sakshi bhava: íd. (m)
Sakuni: Shákuni (m)
samadhi: íd. (m)
sannyasi: íd. (m)
Sarkarpool: Sarkárpul
seva: íd. (f)
Shashi Tharoor: Shashi Tarur (m)
Sneha: íd. (m)
Sri Atal Bihari Vajpajee: Shri Átal Bihari Vajpaji (m)
Sri Krishna: Shri Krishna (m)

Sri Lanka: Shri Lanka (f)
Sri Mata Amritanandamayi Devi: Shri Mata Amritanándamayi Devi (f)
svalpam apyasya dharmasya trayate mahato bhayat: sválpam apyasya dharmasya tráyate maható bhayat
Swami Amritaswarupananda: Suami Amritasuarupananda (m)
Swamiji: Suámiji (m)
Swami Paramatmananda: Suami Paramatmananda (m)
Taittiriya Upanishad: Taittiriya Úpanishad (f)
Takshashila: Tákshashila (f)
Tamil Nadu: íd.
Tata: íd.
tripti: íd. (f)
Trissur: Tríssur (m)
Trivandrum: Trivándrum (n)
upanishad: úpanishad (f)
Veda: íd. (m)
Veda Vyasa: íd. (m)
Venkat Rangan: Vénkat Rangan (m)
Vijay Bhatkar: Vijay Bhátkar (m)
Vyasa: íd. (m)
yoga: íd. (m)
yogah karmasu kausalam: yoga kármasu káushalam